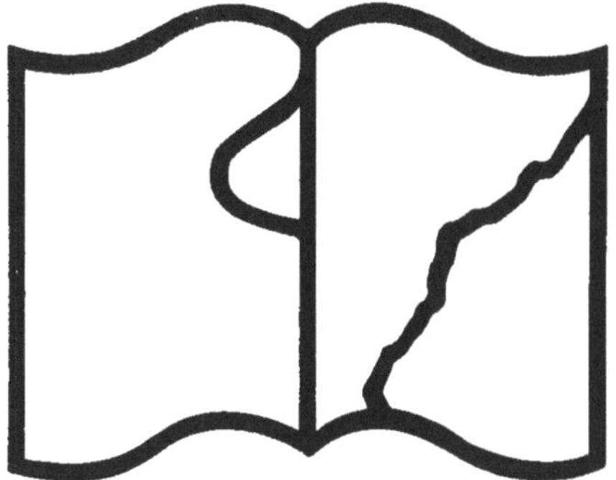

Texte détérioré — reliure défectueuse

NF Z 43-120-11

LES

LÉVEZOU-DE-LUZENÇON-DE-VESINS

PAR

Le Vicomte de Royer Saint-Micaud

Les Lévezou-de-Luzençon-de-Vesins

Les

Lévezou-de-Luzençon-de-Vesins

PAR

Le Vicomte de Royer Saint-Micaud

PER LO GRATIO DE DIOUS

Maison de Lévezou-de-Luzençon-de-Vesins

COMTES ET MARQUIS DE VESINS

Seigneurs de Castelmus, de Luzençon, de Compregnac, de Saint-Christophe, de Saint-Dalmazy, de Roucoules, de Saint-Amans, de Saint-Agnan, etc.

Lévezoulx, d'Estaing, Vezins
Haults barons et mauvoysins.
Monstuéjoulx et d'Arpajon,
Forts chasteaux et beau renom.
Sérerac torture et pil'e
Castelnau sur touts grapille,
Et Ultracq est sans rayson
Pour se prétendre baron.

MAROT.

L'illustre maison baronniale de Lévezou est sans contredit l'une des plus anciennes et des plus considérables de la province du Rouergue.

Il est solidement établi que les habitants du *Levœsium* et de l'ancienne ville de *Lévèze*, dévastée primitivement par les Goths et dans la suite par les Sarrasins sortis d'Espagne, se réunirent sous la conduite d'un jeune et vaillant chevalier issu de l'un de leurs anciens *Captals*, lesquels vinrent se réfugier dans une partie des montagnes du Rouergue qui prit le nom de *Levesonium*.

De l'an 960 jusqu'à la fin du XIVe siècle, on possède un grand nombre de chartes mentionnant les suzerains de cette contrée du Rouergue, appelée dans les titres latins *Levesonium*, Levesiacum et Levensonia. Encore de nos jours ce territoire est toujours nommé BEMA (Baronnie), LÉFUEZOULX, LÉVEZOUX ou LÉVEZOU, suivant la prononciation locale.

Les Barons ou Sires de Lévezoux héritèrent successivement des trois anciennes maisons *de Luzençon, de Vesins et de Roquefort-Morlas*, dont ils ajoutèrent les noms, les titres et les armes, à leur nom patronymique, armoiries et qualification patrimoniales. Dans la suite de cette généalogie on pourra remarquer qu'ils se trouvent également et nominativement appelés à la substitution des noms et armes de l'illustre maison d'Estaing.

Les Barons de Lévezoux proviennent des anciens *Comtes de Sobrarbe*, lesquels originairement sortirent des *Rois de Navarre*, ainsiqu'il apparaît par un titre émanant *du Roi Sanche-Garcias*, en l'année 888. Mais l'origine des Barons ou Sires de Lévezoux n'ayant jamais été diplomatiquement traitée ou suffisamment éclaircie, nous nous en tiendrons à ce que dit la chronique de Conques (Sainte-Foy), abbaye du Rouergue fondée par l'Empereur Louis le Débonnaire en l'an 817, laquelle les dit issus d'un Captal de Lévéze ou d'Albret, nommé Warmond.

Cependant la filiation de la maison de Lévezoux n'est régulièrement établie qu'à partir de l'année 1031. Avant d'en commencer la généalogie nous citerons ceux du nom de Lévezou qui vivaient antérieurement à cette époque.

•

En 961, Pontius, seigneur de Lévezoux fit une transaction avec Girfande, comtesse d'Alby.

•

Béranger ou Bringuier, seigneur de Lévezoux, se rendit caution de la paix qui fut traitée entre Ermengard de Toulouse, comte de Rouergue, et le chapitre de l'Église et cathédrale de Rodez, en 982.

•

Beghon, seigneur de Lévezoux, épousa en 988, la nièce de Raymond, duc de Narbonne, et d'Ermengard, archevêque de Narbonne, lesquels avaient contracté l'obligation de doter leur nièce.

•

Amaury de Lévezoux, archevêque de Maguelonne en 1052. Abbé cardinal du Saint-Empire, Légat de Latère du Saint-Siège apostolique sous le pontificat de Jean XIX, qui avait succédé à Benoît VIII, le 19 juillet 1024, Jean XIX mourut en 1033, par les armes de Conrad.

Amaury de Lévezoux fut l'un des ambassadeurs d'Henri Ier roi de France, auprès de Conrad-le-Salique, élu roi de Germanie en 1024 ; et du roi d'Angleterre : Edouard-le-Confesseur, qui succéda en 1041, à Hardi-Canut.

Henri Ier roi de France était fils de Robert-le-Sage dit le *Dévot* et de la reine Constance, fille du comte d'Arles. le prince étant monté sur le trône au mois de juillet 1031, la couronne lui fut presque aussitôt contestée par sa propre mère qui voulait la donner à Robert, l'un de ses fils. Henri Ier chassé de ses États, alla chercher un refuge auprès de Robert-le-Diable, duc de Normandie, père de Guillaume-le-Conquérant.

Ce prince prit le jeune roi sous sa protection. Il battit les troupes de la reine Constance et la força à demander la paix.

•

Tolda de Lévezoux, sœur d'Amaury, mariée à Bernard d'Aragon-Barcelonne, comte de Cerdagne et de Bezzalux, surnommé : *Taillefer*.

•

Jehan de Lévezoux, vidame (vicomte) de Rodez. Il était le neveu de Pierre de Narbonne, évêque de Rodez, en 1063.

•

Autre Jehan de Lévezoux, Prieur de Castelnau-de-Lévezoux. Il détenait les revenus du monastère de Saint-Léon, à titre de successeur de Léon de Lévezoux, fondateur de ce couvent. Il vivait en 1063, époque où il reçut une donation de Guillaume-Léon, seigneur de Lévezoux, pour le prieuré de Castelnau-de-Lévezoux, dont leurs ancêtres étaient fondateurs.

•

On trouve encore :

Jehan de Lévezoux, moine de Castelnau, lequel transigea avec Thierry, bâtard de Lévezoux, chevalier, châtelain de Castelnau pour le Seigneur son frère, en 1072.

•

En 1074, Tanneguy ou Mainguy de Lévezoux était armiger (écuyer), de son oncle Léon-Guillaume de Lévezoux.

•

Dans un titre scellé qui ne possède pas de date, Béghon de Lévezoux s'y trouve qualifié de Vicomte de Milhau.

•

Enfin, Mélighonde, Dame douairière de Lévezoux, petite-fille et héritière de Boémond-Guiscard, duc de Messine et prince d'Antioche.

Cette Mélighonde d'Antioche devait être la femme de Léon III, seigneur de Lévezoux, nommé comme témoin, garant et caution pour Richard, comte de Rodez, dans un titre de l'abbaye de Saint-Victor de Marseille, de laquelle abbaye dépendait monastiquement le prieuré de Castelnau de Lévezoux, qui était du même ordre et sous la même règle que Saint-Victor.

LÉVEZOU

Renauld, seigneur de Léveseis, *alias* Lévezoux, qualifié : *Magnificus et potens vir*, vidame de Béziers, protecteur, avoué-défenseur et pro-seigneur, patron de la Sainte-Eglise abbatiale et concathédrale de Vabre, sise en la haute marche du Rouergue, épousa en 1005 Esclarmonde de Gévaudan, fille d'Angilbert, comte de Gévaudan pour le roi Robert-le-Pieux, et de Rotrude, laquelle était nièce d'Ermengarde, duchesse d'Aquitaine.

Le Gévaudan faisait partie du Bas-Languedoc, et, jadis il eut ses comtes particuliers; ensuite ses vicomtes. Au temps de César, le Gévaudan était habité par le peuple des Gabales ou Gabali. Plus tard, sous Hongrius, ce pays fut compris dans l'Aquitanique première jusque sous la décadence de l'Empire Romain, époque où les Wisigoths s'en emparèrent, mais Clovis les en chassa après la bataille de Vouillé, pour le réunir à l'Aquitaine. Depuis lors le Gévaudan suivit le sort de cette province, obéissant successivement aux rois d'Aquitaine, aux ducs de ce nom, et aux comtes de Toulouse, ducs de la première Aquitaine.

Vers l'an 900, Ermengard, second fils d'Eudes, comte de Toulouse, eut en partage le Gévaudan, avec le titre de *Comté*. Il mourut en 936, et sa postérité eut la jouissance de ce comté pendant plus de cent ans. Etant retourné aux comtes de Toulouse, l'on voit en 1060, Pons de Toulouse, se qualifier comte de Gévaudan, lequel laissa pour successeur, son fils aîné, Raymond de Toulouse, dit de Saint-Gilles, lequel quitta le titre de duc d'Aquitaine pour prendre celui de duc de Narbonne. Ce prince mourut en l'an 1105, et l'histoire rapporte que c'est lui qui aliéna le comté de Gévaudan en faveur des évêques de Mende.

En 1161, Adelbert, évêque de Mende, étant venu faire hommage de son évêché au roi Louis VII, obtint un diplôme, appelé *Bulle d'or*, par lequel le roi accorda à cet évêque et à ses successeurs les droits régaliens. Cette charte fut, depuis, le principal fondement de l'autorité temporelle dont les évêques de Mende jouirent dans leur diocèse jusqu'à la Révolution.

Malgré l'aliénation qu'avait faite le duc Raymond, dit de Saint-Gilles, le Gévaudan eut encore des vicomtes qui avaient pris naissance dès 951, en la personne de Bernard, fils de Béranger, vicomte de Milhaud (Millau), issu des comtes de Toulouse, ducs d'Aquitaine.

La vicomté du Gévaudan, dont les titulaires devinrent, par alliance, comtes de Provence et de Barcelonne, passa aussi, par alliance, aux rois d'Aragon, issus de Douce Ire.

Pierre II, roi d'Aragon, mort en 1213, l'engagea à Raymond VI, dit le Vieux, comte de Toulouse, lequel mourut en 1222. Ce comte ayant été excommunié à cause de la protection qu'il donnait aux Albigeois, l'évêque de Mende prétendit la confiscation de la vicomté du Gévaudan, en qualité de seigneur de ce pays. En 1258, saint Louis fit une transaction avec le roi d'Aragon, qui lui céda ses droits sur les vicomtés de Milhaud et de Grèzes ou Gévaudan. Enfin, Odillon, évêque de Mende, céda au roi (1265-1266), la souveraineté qu'il prétendait, et en échange le roi lui donna divers biens. En 1306, Philippe le Bel fit un traité de partage avec Guillaume, évêque de Mende, dans lequel il lui laissa, ainsi qu'à ses successeurs, *le titre de comte de Gévaudan.*

Renauld de Lévezoux se trouve encore nommé dans une sentence arbitrale de *Miséricordieux Père en Jésus-Christ, Arnauld, évêque de Béziers, son frère germain*, daté de la vigile de la fête Sainte-Agnès, *l'an du salut et de l'incarnation* 1098.

Dans cette même charte, il est qualifié *Custos advocatus et vice Dominus Billerensis.* Sur le contre-scel de cette charte, on lit le cri de guerre de Renauld de Lévezoux, qui était alors : SAINCT-LÉON.

De cette même charte, il résulte qu'il avait comme frères puînés :

1° *Daniel de Lévezoux, châtelain de Gaillac, qui se rendit garant pour l'exécution de la sentence précitée. Par acte daté du 4 mars 1114, il transigea avec Guy de Barcelonne, seigneur de Montpellier, sous la caution de Renauld de Lévezoux, son frère aîné, en présence de Bernard, comte d'Armagnac, de Guyon de Séverac et de Harriot, abbé de Loc-Dieu.*

2° *Arnauld de Lévezoux, archevêque de Narbonne et Primat des Gaules Narbonnaises, Évêque de Béziers, d'Avignon, d'Ostie et de Montréal. Régent du Comté de Toulouse, du duché de Narbonne, du royaume d'Arles et du marquisat de Provence, sous les règnes de Raymond V et de son fils, pendant l'absence de ces deux princes, qui ne voulurent confier qu'à lui le gouvernement de leurs États. Il présida les trois dernières sessions du concile de Maguelonne, au nom du Pape Innocent II. Il envoya deux mille de ses* VASSAUX DE FAMILLE ET VASSAUX D'ÉGLISE, *au secours du roi de Léon, Ferdinand II, qui se trouvait assiégé par les Maures à Palencia.*

Par acte du 26 septembre 1149, Arnauld de Lévezoux, fit son testament, et légua des trésors et richesses, à son église métropolitaine de Saint-Just et de Saint-Pastor, où il avait élu sa sépulture.

Bernard, Ier du nom, seigneur du pays de Levesoix, *alias* Lévezoulx, comte Royal en Rouergue, seigneur de Saint-Georges dans la Haute-Marche et de Saint-Christophe en Rhodezian. Dans une charte datée de l'année 1140, il est qualifié *Comes Regis in Rhutenia*, ainsi que dans un rescrit du 20 février 1151. Dans le premier de ces actes il est fait mention de Renauld, son père, ainsi que de ses trois fils, dont nous parlerons ci-après.

Il accorda sa garantie à la fondation de l'abbaye de Bonnecombe, laquelle avait déjà été dotée [illegible] mois de juin 1166, par Raymond, comte de Toulouse [illegible] par son frère Hugues, évêque de Rodez. Cette der[illegible] datée du septième jour de mai 1172, fut [illegible] par Bernard de Lévezoulx en présence du comte Amaury, son aïeul. On ignore le nom de sa femme, qui ne se trouve mentionné en aucun acte.

Il laissa :

1° *Bernard de Lévezoulx, qui suit ;*

2° *Raymond de Lévezoulx ou Lévezou, co-seigneur de la chatellenie de Saint-Georges de Luzençon. De concert avec Guillaume de Luzençon, il rendit à Hugues de Toulouse, évêque de Rodez, et à ses successeurs, tous les droits seigneuriaux et justiciers qui leur appartenaient sur les vassaux de la ville et les autres sujets ou serfs de la juridiction de Saint-Georges, à raison des excès de vol, effusion de sang humain et autres dont les dits bourgeois, hommes de servitude et autres justiciables dudit mandement de Luzençon se rendaient coupables. (Ce titre fait partie des archives du château de Vesins.)*

3° *Bernard de Lévezou, évêque et vicomte de Béziers, par dévolution de son oncle Arnauld de Lévezou, archevêque de Narbonne en 1118. Il fut le premier évêque de France qui condamna la doctrine des Albigeois et qui fulmina contre eux l'excommunication canonique. Il laissa après sa mort la réputation d'un prélat* TRÈS DOCTE ET DE LA PLUS HAUTE VERTU.

•

Bernard de Lévezou, II° du nom, chevalier, seigneur de Lévezou, châtelain de Castelmus, de Castelnau, de Gaillac, de Vitrac, Compregnac, Saint-Christophe, et autres lieux, est cité parmi les croisés qui allèrent s'embarquer à Port-Vendres, au mois de mai 1190, sous la conduite du prince Roger de Barcelonne. De retour de la Palestine, Bernard II de Lévezou, souscrivit en juin 1204, au contrat de mariage de Pierre II, roi d'Aragon, comte de Roussillon, avec Marie de Barcelonne, fille de Guillaume, seigneur de Montpellier, et d'Eudoxie Comnène des Empereurs d'Orient.

Il laissa de sa femme prénommée Régine :

1° *Bérenger de Lévezou, qui suit ;*

2° *Guillaume de Lévezou, prieur de Saint-Léon, diocèse de Rodez, en 1231 ;*

3° *Bernard ou Bertrand de Lévezou, primicier de l'église cathédrale de Rodez en 1195 ;*

4° *Yolande de Lévezou, dame de Vitrac, mariée vers l'année 1215, avec Dieudonné, sire d'Estaing, surnommé le Preux. Il sauva le roi Philippe-Auguste d'un péril imminent à la bataille de Bouvines, le 27 juillet 1214. A la suite de ce merveilleux exploit, le roi en récompense, lui permit de porter les armes de France, brisées d'un chef d'or.*

Depuis ce temps ceux du nom d'Estaing firent toujours porter à leurs gens la livrée du Roi, ce qui fit dire à Boileau.

« Je veux que la valeur de ses ayeux antiques
Ait servi de matière aux plus vieilles chroniques,
Et que de l'un des Capets pour illustrer leur nom.
Ait de trois fleurs-de-lis doté leur écusson. »

Dieudonné d'Estaing était fils de Guillaume d'Estaing, si connu dans l'histoire des croisades et qui fit des prodiges de valeur pendant le siège de Jaffa, aux côtés de Richard Cœur de Lion, roi d'Angleterre.

•

Bérenger de Lévezou, Ier du nom, sire de Lévezou, qualifié *Noble Damoiseau*, se croisa avec les principaux seigneurs de sa province, contre les Albigeois en 1226, et son nom se trouve également dans la liste des garants et cautions de l'accord qui fut conclu à Melun en 1228, entre le roi saint Louis et Raymond VIIe, comte de Toulouse.

Comme on le sait, ce traité de paix fut suivi de l'extermination des Albigeois. Le cri de guerre de Bérenger de Lévezou était alors : « Dalby Non Joye, » en allusion de la terreur que sa famille et sa personne inspiraient à ces malheureux révoltés.

Il avait épousé Alix d'Arpajon, qui vivait encore en l'année 1272.

Les seigneurs d'Arpajon portaient fièrement de *gueules à la harpe d'or, cordée de même.* Ils étaient issus de la première race comtale de Rodez, laquelle descendait elle-même des anciens vicomtes de Rouergue établis par Charlemagne. Cette illustre maison soutint jusqu'à la fin la gloire de son nom par de belles actions, de riches alliances et une éclatante fortune.

Les d'Arpajon occupaient le premier rang aux Etats du Rouergue et prenaient place immédiatement après les comtes de Rodez. Au xve siècle l'immense patrimoine de la maison de Séverac étant passé dans leurs mains augmenta encore leur puissance et les fit marcher de pair avec les plus grands seigneurs du royaume.

Alix d'Arpajon était fille de Bernard, IIe du nom, seigneur de Calmont, qui rendit hommage, en 1265, de sa seigneurie de Calmont, au comte de Rodez, se réservant toutefois la justice jusqu'à *soixante sous.* Ce seigneur était en outre tenu de présenter annuellement au comte deux éperviers à la fête de la Saint-Jean. Son fils, Hugues d'Arpajon, Ier du nom, acheta en 1270, de Bérenger de Lévezou, son beau-frère, la terre et le château de Castelnau de Lévezou.

Le château de Castelnau-de-Lévezou par les transformations successives qu'il a subies, ne possède plus son antique caractère féodal. Sa situation était parfaite, il commandait et défendait le bourg qui était alors entouré de hautes murailles flanquées de distance en distance de fortes tours.

Bernard de Lévezou qui en était seigneur ainsi que de Saint-Beauzély en 1238, tenait ces terres du comte de Provence et de Toulouse. Bérenger de Lévezou, son fils, sur le point de partir en Terre-Sainte, en 1270, vendit à Hugues d'Arpajon, comme nous l'avons dit plus haut, la seigneurie de Castelnau, Castelmus, Roquetaillade, et Compregnac.

Plus tard, Marie d'Arpajon, descendante de Hugues, et sœur du duc d'Arpajon, mariée à Isaac d'Isarn de Jouarre, en 1610, eut Castelnau-de-Lévezou en apanage, mais étant morte sans enfants, cette terre revint à Catherine-Françoise, sa nièce, fille et héritière du duc d'Arpajon, qui épousa François de Roye de La Rochefoucauld, dont Frédéric-Jérôme de Roye de La Rochefoucauld, leur fils, archevêque de Bourges, la laissa à Pauline-Françoise de Roye, maréchale de Biron, petite-fille de Catherine-Françoise d'Arpajon, qui la vendit à Jacques-Julien de Pégneyrerolles en faveur duquel elle fut érigée en marquisat.

•

Raymond Ier, sire de Lévezou, chevalier, châtelain de Compregnac et autres lieux, fils de Bérenger, Ier du nom, et d'Alix d'Arpajon; affirma de son sceau, le 16 avril 1244, une donation de sa mère, en faveur de l'église de Notre-Dame-lez-Milhau. Cet acte est également confirmé par Bernard de Lévezou, damoiseau, châtelain de Quivrac et de Lassalle en Lévezoulx.

Raymond Ier de Lévezou épousa Aigline de Beaujeu dite de Prévinquières, fille de Guichard, seigneur de Prévinquières, et de Catherine de Montferrand. De ce mariage naquit :

1° *Bernard de Lévezou qui suit ;*

Sur le versant septentrional des montagnes pittoresques de la Vaysse, non loin de l'Aveyron, s'élevait jadis l'antique manoir de Prévinquières, flanqué de ses hautes tours et défendu par ses remparts crénelés, défiant les attaques et les incursions ennemies. Mais aujourd'hui il n'en reste plus qu'un amas de vieilles masures, et seule encore une tour s'élève avec orgueil renfermant sous sa base un profond souterrain plein de mystère.

Les Lévezou avaient anciennement certains droits sur ce château et Antoine Ier de Lévezou de Luzençon de Vezins, vendit, vers la fin du XVe siècle, à Guillaume de Garceval, sa part de la seigneurerie de Prévinquières, dont il était coseigneur à l'exception de la tour.

Les de Prévinquières remontent à la première croisade, époque où Bernard, évêque de Lodève, fut du nombre des prélats qui se croisèrent pour suivre l'expédition du comte de Toulouse, et montra aux infidèles son *écu d'azur, à deux rameaux de pervenche d'or, passés en double sautoir.*

Bernard de Lévezou, IIIe du nom, surnommé *le Vieux et le Vaillant*, chevalier banneret, sire de Lévezou, de Castelmus et de Castelnau, Compregnac, Maunac, en Albigeois. Saint-Christophe et autres places.

Il est qualifié : *redoutable et miséricordieux seigneur, du pays de Lévezou, puissant homme, et chevalier banneret*, ainsi que Hugues, sire d'Arpajon, dans la montre de leurs écuyers nobles et gens d'armes, vassaux qu'ils conduisirent au secours du roi Jacques d'Aragon contre les Maures de Cordoue, en 1231.

On sait que la dignité de *Chevalier Banneret*, dont Bernard III de Lévezou se trouvait pourvu, n'était possédée que par les plus grands seigneurs du royaume. Avant de laisser déployer bannière, on ne manquait jamais alors de commettre des hérauts d'armes, pour aller vérifier, *de par le Roi, si le Baron prétendant pouvait se faire soubs-tenir à l'ost par vingt-quatre chevaliers*, qui devaient être ses vassaux, et lesquels devaient être soutenus chacun par un sergent d'armes et par un écuyer, sans parler des hommes de batailles, tels que lanciers, archers, arbalétriers, etc... et dont vingt-cinq devaient toujours rester commis à la garde de la bannière, laquelle était de forme carrée, comme celle du Roi. Les Gontaut-Biron portent : *Ecartelé, d'or et de gueules, l'écu en bannière.*

L'ordre de Banneret est plus que Chevalier,
Comme à prets Chevalier arrive Bachelier,
Puis à prets Bachelier, Ecuyer de maniesre,
Qu'à prets le Duc ou Roy, vient Seigneur à banniesre.

D'après plusieurs chartes tirées des archives du château de Vesins, on constate que Bernard III de Lévezou transigea, en 1238, avec l'abbé de Saint-Victor de Marseille, en sa qualité de Prieur du monastère des Bénédictins de Castelnau de Lévezou. Ce prieuré avait été fondé par les ancêtres de Bernard, mais à une époque tellement reculée qu'elle en est inconnue. En l'an 1252, Bernard de Lévezou, fit cession de sa forteresse de Castelnau de Lévezou à Hugues, sire d'Arpajon, son beau-frère, et par un nouvel acte de vente avec faculté de rachat, daté du 5 juillet 1270, il engagea encore pour une somme assez considérable cette même terre, ainsi que plusieurs seigneuries du Lévesois entre les mains du même Hugues d'Arpajon, lequel en ayant pris possession par un acte de la dite année 1270, ne voulut pas dans la suite accéder à la requête en rétrocession de ces domaines et manoirs seigneuriaux, ainsi qu'il en avait contracté l'obligation par l'acte précité du 5 juillet 1270. Furieux de son manque de foi, Bernard de Lévezou l'appela en combat singulier afin d'en : *appeler au jugement de Dieu.* Ce cartel est daté du jour de la fête des saints apôtres Jacques et Philippe, en l'an de Notre Seigneur 1280. Il obtint enfin le retrait de ses terres engagées, à l'exception de la seigneurie de Castelnau-de-Lévezou, dont la propriété se perpétua jusqu'au XVIIIe siècle dans l'héritage et la descendance de Hugues d'Arpajon.

Bernard III de Lévezou est encore nommé parmi les

Hauts Barons qui furent témoins de la prise de possession du comté de Toulouse, pour le roi Philippe le Hardi, en 1273. On le voit figurer au nombre des principaux feudataires du Rouergue, immédiatement après l'évêque de Rodez et le baron de Séverac, avant le sire d'Arpajon, le sire d'Estaing, le baron d'Espallion et le vicomte de Milhau, Jean d'Armagnac, lequel était cependant le neveu du roi.

Bernard III de Lévezou avait épousé Wassadelle de Séverac, fille de Guy de Séverac et de Richarde de Lusignan. Wassadelle de Séverac était sœur de Bérengère de Séverac, femme de Hugues, sire d'Arpajon, et elles étaient arrière-tantes d'Amaury de Séverac, maréchal de France, sénéchal de Quercy, dont le nom s'éteignit en 1430, dans la maison d'Arpajon, laquelle alla se fondre à son tour dans celle de Noailles en 1741, par suite du mariage d'Anne-Louise d'Arpajon de Séverac de Lautrec de Lers, marquise de Séverac et de la Châtre-Arpajon, comtesse de Murol, vicomtesse de Lautrec, de Montal et de Calmont, baronne d'Ambres et des Etats du Languedoc, Grande d'Espagne de la première classe, Grande-Croix héréditaire de l'Ordre souverain de Saint Jean-de-Jérusalem de Malte, et dame d'honneur de la reine de France Marie-Antoinette d'Autriche, laquelle, héritière des deux maisons d'Arpajon et de Séverac, épousa en ladite année 1741, Philippe, comte de Noailles, premier duc de Mouchy, prince de Poix, maréchal de France et chevalier de la Toison d'Or.

Les armes des premiers barons de Séverac étaient : *D'argent, à quatre pals de gueules*, qui sont les mêmes que celles de la maison d'Aragon dont les Séverac étaient originairement issus.

Au milieu de la large vallée où prend sa source l'Aveyron se dresse une montagne que surmonte un énorme rocher couronné d'imposantes ruines. Ce fut le château fort de Séverac, bereeau d'une illustre race disparue.

On ne pénétrait dans le château de Séverac que par un pont-levis. Il était entouré de remparts épais qui soutenaient deux plates-formes élevées en amphithéâtre l'une sur l'autre. Jacques, Jean IV et Charles d'Arpajon, tous trois chefs calvinistes, les avaient armés de quatre grosses pièces d'artillerie et de douze autres beaucoup plus petites, appelées fauconneaux, sur lesquelles on lisait encore avant 1793, les noms d'Arpajon, de Montal et de Castelpers.

Du haut des terrasses du château ombragées d'allées d'ormes, le regard se porte sur le cours de l'Aveyron, dont les rives sinueuses sont dessinées par les peupliers, les saules et les frênes qui bordent ses rives limpides.

Laissons parler un mémoire de l'an 1669, trouvé dans les archives du château. Il nous dira ce qu'il était alors :

« Le château est situé sur un grand rocher qui domine la ville de Séverac et toute la campagne. Dans l'enceinte de ce château, se trouve l'église paroissiale de saint Jean-Baptiste, bien ornée de rétables et de tableaux, bâtie à la moderne, accompagnée d'une sacristie et d'un clocher élevé, au pied duquel est la maison curiale.

« A côté de ladite église, au levant, il y a une esplanade bien gazonnée, environnée d'une muraille bâtie sur le rocher et flanquée d'une tour ronde. Du côté du couchant, il y a un petit bois emplanté de tilleuls contenant deux cents cannes, élevé sur la grande basse-cour, laquelle contient cinq cents cannes, elle est entourée d'une muraille très élevée du côté du couchant, du nord et du levant. Cette muraille est assise sur un grand rocher, appelé *lou Rouoc dé Polo*, et flanquée de deux tours, l'une ronde, l'autre carrée.

« Au nord est la vieille église, et à côté un corps de logis à deux étages, et un jardin pour les domestiques.

« Le grand corps de logis carré oblong domine la basse-cour. La façade, flanquée de deux pavillons regardant le nord, est ornée de colonnes ou unies ou cannelées avec chapiteaux corinthiens, travaillés avec soin et avec luxe. Un escalier à fer de cheval, placé au milieu de l'édifice, conduit à une grande galerie qui va aboutir de chaque côté aux pavillons. Dans l'intérieur de chacun de ces deux pavillons, il y a un degré à repos pour le service des appartements. La plus grande partie, du grand corps de logis est à trois étages, et l'autre est à quatre.

« Au-dessous du premier étage sont les caves et autres voûtes : au-dessus, une grande galerie voûtée, à côté de laquelle se trouvent les archives et le garde-meuble. Dans ce garde-meuble, on conserve l'habit du roi de Pologne, Ladislas VII, qui fut donné à Louis, vicomte d'Arpajon. Cet habit est de toile d'argent, garni d'une dentelle de même. La toque est de velours noir. La capote également de velours noir avec broderie de soie, doublée de toile d'argent.

« Les degrés des pavillons aboutissent à cette galerie au-delà de laquelle, du côté du levant, sont les offices avec deux grandes chambres et un cabinet. Viennent ensuite la cuisine et les archives, à la suite desquelles une rangée de chambres jusqu'à la grande tour.

« Au deuxième étage, il y a une galerie bien ornée de tableaux, d'où l'on entre dans les appartements ; à l'extrémité de cette galerie, du côté du levant, la salle des hommages, de vingt cannes de longueur (40 mètres) sur sept de largeur, avec tapisserie d'Auvergne à personnages ; longue table avec tapis de Turquie ; lustre à plusieurs branches de cristal, et quatre grands tableaux : — Judith, Suzanne, Loth et ses filles, et Lucrèce. — Au-dessus des quatre portes, trois demi-figures et un paysage.

« Au même étage, il y a une autre salle dite des Sybilles, avec tenture de tapisserie de brocatelle rouge pâle, et trois tableaux ; — Rachel et Laban, l'Adoration des rois mages en deux scènes. — A la suite de cette salle, la chambre dorée, chambre de madame, avec tenture de tapisserie de haute-lice, laine et soie rehaussée d'or, représentant des histoires du Vieux Testament ; portrait de madame d'Arpajon et de sa fille, Catherine d'Arpajon : tableaux représentant un grand vase de fleurs et un chasseur. Suivent une rangée de chambres jusqu'à la grande tour.

« Dans cette rangée de chambres il y avait :

1° Un cabinet doré, avec tenture de tapisserie, chaises, pliants de velours à fleurs d'argent, et quatre lustres de cristal ;

2° La chambre de *monseigneur*, avec tenture de tapisserie à fleurs rouges, vertes et argent, lit avec broderie de fil d'argent et paillettes du même.

« On changeait de tentures et de garnitures de lit selon les circonstances plus ou moins solennelles. Les plus précieuses étaient de velours cramoisi brodé en bosse. En deuil, les tentures étaient de taffetas noir. La couleur de la robe de chambre de *monseigneur* suivait celle de l'appartement. La robe de velours cramoisi était garnie de dentelles d'or ; celle de deuil, de dentelles d'argent.

« Le troisième étage est servi par un corridor au moyen duquel on entre dans une rangée de chambres qui sont d'un bout à l'autre.

« On sort de la basse-cour sous un porche voûté, par un pont-levis qui se trouve au-devant du portail. Ce portail, chargé de sculptures en profusion, est surmonté des armes du seigneur.

« La façade du château, du côté du midi, au milieu de laquelle se trouve le susdit portail, a quarante cannes de longueur. Elle est flanquée au couchant d'une grande tour carrée, à sept étages, dans l'un desquels un beau cabinet orné de peintures.

« A côté du pont-levis se trouve un petit jardin, par lequel on descend dans un grand parterre élevé et pratiqué sur des voûtes bâties l'une sur l'autre, de la hauteur de huit cannes.

« Ce parterre a 18 cannes de longueur sur huit de largeur. Il est bien dessiné. Au levant, il y a une queue de lampe en pierre taillée, presque toute hors de la muraille comme suspendue en l'air ; à l'extrémité du parterre, un boudoir, et contre la muraille, une tour ronde.

« Pour sortir du parterre, on suit une allée conduisant dans le chemin qui aboutit au corps-de-garde. On sort de ce chemin par une grande porte au-devant de laquelle un deuxième pont-levis, et on entre dans la seconde enceinte du château où sont les écuries et les greniers. Au-dessous de ces bâtiments, il y a un terrain élevé, entouré de murailles de deux côtés, et de l'autre, du rocher du château. On sort de ce terrain par un chemin qui se divise en deux. Le premier va aboutir à la porte dite de *la Brèche*, et à côté de ce chemin se trouvent la remise des carrosses avec un bâtiment faisant suite pour les fermiers ou domestiques, et autre bâtiment servant de grange à foin. Le second conduit à la grande écurie de la ville. »

On ne connaît pas le premier établissement du château de Séverac, plusieurs historiens croient qu'il remonte au temps de la conquête des Gaules par Jules César, lequel chargea deux de ses officiers, Severus et Sergius, de la garde de cette partie du pays des Rhutènes. Severus aurait construit le château-fort de Séverac, *Castrum Severi*, tandis que Sergius, aurait fait élever celui de la Roque-Valzergues, *Castrum vallis Sergii*, dont on voit encore les ruines sur un rocher près la route de Séverac à Saint-Geniez.

Le plus ancien monument qui fasse mention de Séverac est une charte du règne de Karles, roi des Français et des Lombards, datée de l'an 883. Il y est dit que Bernard, *comte par la grâce de Dieu*, et Ermengarde, son épouse, donnent au monastère de Conques le village de Baulone, *in vicaria Severacense*.

Dans l'acte de fondation du convent de Séverac (1er mars 1103), par Gui Ier, on constate que le château seul portait le nom de Séverac, et que le lieu construit sous ses murs portait le nom de Saint-Sauveur.

En décembre 1214, Déodat III de Séverac, qui soutenait le parti des Albigeois, résista pendant assez longtemps, à Simon de Montfort, et ne se rendit qu'à la dernière extrémité.

Alors que Louis XI n'était encore que dauphin, il vint, chargé par son père, exécuter les vengeances royales contre l'illustre maison d'Armagnac. En 1444, il mit le siège devant cette place, comme on le voit par les lettres patentes signées de sa main et datées *du camp devant Séverac*, le 11 mars de cette même année.

Plus tard Louis XI, disposant des domaines des comtes d'Armagnac, conserva Séverac, regardant cette place comme l'une des plus importantes du Rouergue.

Sous les guerres de Religion une partie de l'armée des Huguenots, sous la conduite de Mirabel après la perte de la bataille de Moncontour (1569), vinrent se rallier au château de Séverac d'où ils passèrent dans le Vivarais.

A cette époque, un drame sanglant et d'une barbarie impitoyable eut lieu du haut des remparts de Séverac.

Jacquette de Clermont, dame de Séverac, ayant embrassé le calvinisme, apporta en ses croyances un fanatisme si ardent, qu'il étouffa chez elle les plus nobles instincts de l'âme.

Un jour, ayant réuni en son château tous les prêtres catholiques des environs et leur ayant exposé avec feu les avantages de la réforme, elle les somma de renoncer à leurs vieilles erreurs et d'adopter la religion nouvelle. La réponse des prêtres fut digne des beaux temps de l'Église : « Jamais, jamais, Madame, nous ne trahirons notre foi », s'écrièrent-ils d'une même voix. Alors la dame de Séverac ordonna froidement qu'ils fussent tous précipités du haut des remparts.

Sur le champ cet ordre, d'une barbarie inflexible, fut exécuté, et les corps des malheureux martyrs furent lancés d'une hauteur vertigineuse, et leurs corps allèrent les uns après les autres se briser sur les rochers aigus qui hérissent le flanc de la montagne. Encore aujourd'hui on montre l'endroit où fut consommé cet acte de cruauté. Depuis lors et chaque année une procession se rend au pied des remparts, et là, le prêtre y récite solennellement les prières des trépassés.

Jacquette de Clermont, dame de Séverac, prise de remords, abjura bientôt ses erreurs et devint aussi zélée catholique qu'elle avait été calviniste exaltée.

Mais revenons à Bernard III de Lévezon, qui fut encore caution pour le roi d'Angleterre, Édouard III, et garant du traité conclu par ce prince avec le pape Jean XXII, et Philippe VI, roi de France, en 1333.

De son mariage avec Wassadelle de Séverac descendirent :

1° *Jean, Ier du nom, qui continua la descendance.*

2° *Raymond de Lévezon, damoiseau, seigneur de Castelneau-sur-Jaur, de Gaillac et de Terandeliz.*

Il épousa une fille de la maison d'Anduz, éteinte.

La seigneurie d'Anduze était l'une des plus anciennes de la province du Languedoc. En 1539, l'Évêque du Puy-en-Velay, en rendit la moitié, et l'autre moitié fut également rendue le 30 juin 1545, par Jacques de Montboissier, mar-

quis de Canillac, à Jean-Nicolas d'Aireboudouze, qui testa le 27 mars 1553.

Urbain d'Airboudouze, marquis d'Anduze, arrière-petit-fils de François, qui était fils de Jean-Nicolas, mourut après le 20 septembre 1668, laissant Charles-Guy, décédé en 1724, ne laissant qu'une fille, héritière du marquisat d'Anduze, laquelle épousa N.., de Saxy.

Du mariage de Raymond de Lèvezou avec N... d'Anduze, naquirent plusieurs enfants dont l'un Tristan de Lèvezou, fut chevalier de l'ordre de Saint-Jean de Jérusalem et commandeur de Compeyronnal au grand prieuré de Saint-Gilles, en 1319.

3° *Pons de Lèvezou, seigneur de Saint-Beauzély, qui se rendit garant de la sentence du Sénéchal de Rouergue entre les chevaliers du Temple et la ville de Millau en 1280.*

4° *Dieudonné, de Lèvezou, premier échanson de la reine de France, Isabelle d'Aragon, femme de Philippe-le-Hardi. C'est dans un rescrit de l'an 1289, que Dieudonné se trouve qualifié « ministre échanson de la royne Isabeau, mère du roy notre sire ».*

5° *Guillaume de Lèvezou, grand précepteur de la milice du Temple. Dans un acte de renonciation, qu'il souscrivit pour un bénéfice de son ordre, l'an du jubilé le 2 août, il est qualifié Religieux frère et Puissant homme.*

6° *Behgon de Lèvezou, qualifié bachelier ez-armes et seigneur de Jacqs.*

7° *Germaine de Lèvezou, abbesse de Sainte-Claire-des-Urbans-le-Millau. Par acte d'aveu du 22 janvier 1297, elle rendit foi et hommage au Roi d'Angleterre Henry, duc d'Aquitaine, pour les seigneuries mouvantes et qui relevaient de sa croix et de sa crosse.*

8° *Jeanne de Lèvezou, mariée à messire Bérenger de*

Luzençon, chevalier, seigneur de Luzençon, de Prévinquières et de Château-Laval. De ce mariage naquit un fils, lequel n'eut qu'une fille unique qui porta l'héritage de sa maison dans celle de Lévezou.

•

Jean Ier, seigneur et baron de Lévezou, qualifié noble et puissant homme, châtelain de Castelmus, Compregnac, et autres places. Le sire de Lévezou se trouve nommé dans la liste des assaillants du tournoi de Narbonne en l'année 1319, et ses armes y sont blasonnées: *d'azur, au lion d'or, armé, allumé et lampassé de gueules : on y voit aussi que la devise de ses armes était : Par la grâce de Dieu.* Jean Ier de Lévezou, avait épousé vers l'an 1312, Rachelis de Montlaur, fille de Pons de Montlaur, sénéchal de Vivarais, et de Bérengère de Sabran.

De ce mariage naquit :

1° *Bernard de Lévezou, qui suit.*

•

Bernard IV de Lévezou, surnommé le *Jeune*, qualifié noble et puissant seigneur de la baronnie de Lévezou, châtelain de Castelmus, Compregnac, Maunac, Saint-Christophe, etc. Bernard IV, naquit l'an 1315, et épousa avant la fin de l'année 1378, Hélis de Luzençon, fille unique et héritière de noble et puissant homme Bermond de Luzençon, chevalier, seigneur de Luzençon, de Saint-Amans, de Saint-Dalmazy, de Rocquolles, de Château-Laval et de Prévinquières en partie.

Le château de Luzençon était situé à l'extrémité occidentale du canton de Millau, près du confluent du Tarn et du Cernon. En 1204, il appartenait à Amalric de Luzençon, qui laissa Brenguier ou Bérenger de Luzençon, chevalier, seigneur de Prévinquières, lequel avait épousé, comme nous l'avons dit plus haut, Jeanne de Lévezou de laquelle il laissa Bermond et Guibert de Luzençon.

Bermond de Luzençon assista en l'année 1370, à la reprise de la ville de Limoges, sous les ordres du maréchal de Sancerre, ainsi qu'il en avait été requis par mandement du connétable de Clisson, au nom du roi Charles V, et, d'après un rescrit du deuxième cartulaire de l'abbaye de Saint-Germain-des-Prés, on pourrait croire qu'il fut tué dans cette rencontre. Quant à Guibert de Luzençon, damoiseau, deuxième fils de Bérenger, il fit hommage, en 1248 pour le château de Laval, situé aux environs de Saint-Georges, à l'évêque de Rodez.

Antérieurement à l'époque où l'ancienne maison de Luzençon vint fondre dans celle de Lévezou, on voit qu'elle avait produit un maréchal de Guyenne et qu'elle comptait ses alliances dans les maisons d'Andoins, de Pechpeyrou, de Castelpers, de Caylus, de Lodève, etc.

Les armes de Luzençon se lisaient ainsi : *Bardé de gueules et d'argent, de huit pièces, à l'aigle éployée de sable, brochant sur le tout.*

Du mariage de Bernard IV de Lévezou et de Hélis de Luzençon, vinrent :

1° *Bérenger II, qui suit ;*

2° *Guillaume de Lévezou, damoiseau, co-seigneur de Saint-Georges, marié avant 1431, à Béatrix de Cantobre. Dans son testament il choisit sa sépulture dans l'église de Saint-Georges-de-Luzençon.*

3° *Hélix ou Hélis de Lévezou qualifiée noble damoiselle et seigneuresse de Puech-de-Lavergne.*

•

Bérenger II° de Lévezou de Luzençon, qualifié noble et puissant seigneur, chevalier bannerel, baron de Lévezou vidame de Rodez et de Vabres, sénéchal et grand bailli d'épée de Rouergue, *chef-taine de six vingts écuyers nobles et de mille-francs archers pour le roi,* seigneur de Castelmus-de-Lévezou, de Luzençon, de Compregnac, Saint-Christophe et Saint-Dalmazy, Saint-Grégoire en Quercy, Spernac, Maunac, Rocquolles, Almeyrand, Peyre, Compeyrese, Lavergne et Château-Laval, Villetoray, Compeyre, en Albigeois, etc., tous lieux en franche seigneurerie avec haute justice et mouvant *sans moyens de couronne de France et tour du Louvre.*

Bérenger II ne vivait plus en 1434. Cabréra dans son histoire dit qu'il mourut à Pampelune, où il avait reçu mission d'accompagner et faire introniser la reine Jeanne de Dreux, ce qu'il exécuta, dit l'auteur espagnol, avec une *générosité magnifique.*

En 1420, il avait épousé Félixe de Vesins, fille de noble et puissant homme messire Vesian de Vesins, VIIIe du nom, chevalier, seigneur de Vesins, châtelain de Saint-Pierre en Quercy, de Notre-Dame de Lavaysse et d'Orneilhan, de Laborie de Lavenas, de la Tour-de-Vesinhet, de Valcaria et de Vayssac, coseigneur et comptor de Montferrand d'Armagnac. Cette seigneurerie comme celle des de Scorailles, en Auvergne, donnait la charge et la dignité d'Argentier féodal et grand trésorier héréditaire de la noblesse aux Etats de la province. Félixe de Vesins héritière de cette puissante maison qui datait en Rouergue du XIIe siècle, se trouvait alliée aux maisons de Carladès, de Montferrand, de Comborn, de Castelnau, de Mostuéjouls, de Montlaur, de Mondragon, de Saint-Maurice, de Prévinquières, etc.

Les Vesins tiraient leur origine et leur nom du bienheureux Vesian, martyrisé par les Sarrasins et béatifié par le pape Etienne II.

Dalmas de Vesins est cité avec Thibault de Solages dans un acte de 1250, daté d'Acre, et ils eurent des représentants aux croisades.

Les premiers vicomtes de Lomagne étaient les aînés des sires de Vesins, et ils affectionnaient particulièrement ce même prénom de Vesian depuis les temps les plus reculés, jusqu'à Vesian, souverain, vicomte de Lomagne et d'Auvillars, dernier de sa lignée.

Philippine de Grimoard-Senhorelli, mère de Félixe de Vesins, était nièce du pape Urbain V (Guillaume de Grimoard).

Dans les anciennes archives de l'abbaye de Bonneval on trouve plusieurs titres, concernant les de Vesins, entre autres la donation du bois de *las Combelle*, faite en 1183 par G. de Vesins. Un seigneur de Vesins fit élever la chapelle de Bergounhoux au fond du bois de Tries, et son écusson orné de clefs d'or, en pal sur champ de gueules, se voit encore à la clef des voûtes du maître autel.

Dans la nuit du 22 au 23 juillet 1642, le château seigneurial de Vesins et la plupart de ses dépendances furent consumés par un incendie, ainsi que tous les meubles précieux, titres, papiers et provisions. Ce sinistre était provenu par la négligence d'Étienne Ricard, veneur, qui avait mis le feu dans sa chambre située au-dessus du cabinet des archives du château. Heureusement que les titres de la maison de Lévezou étaient restés au château de Castelmus-en-Lévezou, ce berceau de la famille ayant été pendant de longues générations le manoir salique, ainsi que le chef-lieu du plus noble et du plus ancien domaine de cette illustre maison.

De cette époque date le remaniement du château de Vesins, tel qu'on le voit encore aujourd'hui.

Bérenger II de Lévezou, laissa de son mariage avec Félixe de Vesins :

1° *Jean II, qui suit ;*

2° *Guillaume de Lévezou, damoiseau, co-seigneur de Luzençon. Il mourut sans alliance en 1460.*

3° *Vaslan de Lévezou, dit de Luzençon, chevalier de Saint-Jean-de-Jérusalem de Rhodes et prieur de Villedieu. Il était le successeur d'un autre commandeur de Villedieu, nommé Jean de Lévezou de Luzençon, qu'on n'a su à quel degré rattacher à la maison de Lévezou. Ce Jean de Lévezou de Luzençon commandait les chevaliers de son ordre à la bataille de Crécy, où il fut tué le 26 août 1346.*

4° *Hélis de Lévezou de Luzençon, qualifiée noble et puissante dame, mariée à messire Jean de Rabasteins, des comtes de Bigorre, vicomte de Paulins, en Albigeois, et maréchal de la Sainte-Inquisition pour la Foi. Dans un acte conservé au château de Vesins, on voit que Jean Rabasteins, vicomte de Paulins, donna quittance le 22 mars 1431* POUR LX AGNELS D'OR, *qu'il avait reçu en déduction de ce qui lui revenait sur les deniers, dotaux d'Hélis de Lévezou de Luzençon, son épouse.*

5° *Félixe de Lévezou de Luzençon, femme de noble et puissant seigneur, messire Guillaume de Guers, chevalier, seigneur de Castelnau-del-Guers, et co-seigneur de la baronnie d'Olargues. Dans le contrat de mariage en date du 28 janvier 1441, Jean II de Lévezou, son frère alors mineur, assisté de noble Raymond d'Astorg, son curateur, s'engage à donner en dot à sa sœur Félixe, une somme de 2,600* FRANCS D'OR, ET A LUI DONNER EN PRÉSENT UNE ROBE DE DAMAS, DOUBLÉE DE GRIS D'ARMÉNIE, AINSI QU'UNE AUTRE ROBE D'ÉCARLATE FOURRÉE DE MENU-VAIR.

6° *Sybille de Lévezou de Luzençon, mariée par contrat du 28 janvier 1450, à très noble Raymond d'Esparron, écuyer, fils de noble et puissant seigneur, messire Pierre d'Esparron, chevalier, vicomte d'Esparron, seigneur de Montpeyroux en Saint-Remy, diocèse de Rodez. Jean II de Lévezou, alors majeur, souscrivit au dit contrat passé au château d'Esparron et il assigna en dot à Sybille,* 1,600 ÉCUS D'OR A LA COURONNE ET COING DU ROI *; s'obligeant en outre à lui fournir quatre robes de noces. Les seigneurs d'Esparron alias d'Esparron portaient : D'or, au pal de gueules, chargé d'une bisse de sable, entravaillée, à une épée d'argent, dans son fourreau de sable, la pointe en bas.*

Cette noble et antique maison,éteinte depuis de nombreux siècles, tirait son nom du lieu et château d'Esparron, situés dans le voisinage de Montpeyroux.

Guillaume, seigneur d'Esparron, chevalier, vivait en 1285. Il fut père de Souveraine, mariée au commencement du XIV*e siècle, avec Guillaume de Solages, chevalier, baron de Tholet, et de Ricarde, femme de Yves de Montpeyroux.*

Il laissa pour fils et successeur : Guillaume II d'Esparron, qualifié co-seigneur de Montpeyroux dans un acte de 1352.

Tando d'Esparron est inscrit parmi les hommes d'armes rassemblés contre les Anglais en 1380.

Bertrand d'Esparron, co-seigneur du château de Montpeyroux en 1392.

Pierre d'Esparron, chevalier, co-seigneur du même château en 1450, père de Ramond qui, de son mariage avec Sybille de Lévezou de Luzençon n'eut qu'une fille, nommée Anne d'Esparron, mariée en 1471, avec Guillaume V, vicomte d'Estaing, auquel elle apporta tous les biens de sa maison.

En 1651, le château d'Esparron appartenait à Claude-François de Truchel, seigneur de Chambarlhac, en Vivarais, descendant par les femmes de cette Anne d'Esparron.

Ce François de Truchel, avait épousé Antoinette

de Viguier, fille de Pierre, seigneur d'Espeyrac, et de Gabriel de Raynal.

Jean II, de Lévezou de Luzençon de Vesins, baron de Lévezou, chevalier de l'ordre du roi et de Saint-Michel l'Archange, baron de Castelnaus, seigneur de Luzençon, de Vesins, de Compregnac, de Château-Laval, de Peyre, de Maunac, de Compeyrese, de Saint-Dalmazy, de Roquolles, de Saint-Grégoire, Saint-Christophe, etc... Député de la Noblesse aux Etats de Languedoc à l'assemblée des trois Etats généraux du Royaume de France, assignés par Sa Majesté dans sa ville de Tours en l'année 1484. Etant encore sous la tutelle de Vesian, sire de Vesins, son aïeul, en 1434, il souscrivit au château de Vesins et reçut la reconnaissance féodale de noble et dilligent homme, Jean du Garnier, son feudataire en la seigneurie de Compeyrese, pour les biens qu'il y possédait en fief honorable et franc, *dont iceluy noble Jehan du Garnier fait homaige à son dit Seigneur suzerain avec les mains joinctes et sans ployer les genoux pour marque de franche noblesse, à lui demandant et recevant de lui le baiser de paix en signe de sa redoutable et gracieuse inféodation.*

Le 1er mars de l'an 1446, par traité conclu, souscrit et scellé au château d'Estaing, en Rouergue, il contracta mariage avec Catherine d'Estaing, fille de Beghon, sire d'Estaing et de sa femme Marguerite de Goth, dame de Lestrange, issue de la même souche que Bertrand de Goth, élu souverain pontife, et intronisé sous le nom de Clément V en 1305. Ce contrat passé en présence de noble et puissant seigneur, messire Beghon d'Estaing, chevalier du Croissant Royal, sire d'Estaing, vicomte de Cheillanes, baron de Pierrefort, châtelain royal de Pézénas, seigneur de Saint-Chély, Vitrac, Savrezac et Valentines; en présence et sous la caution de noble et puissant seigneur, messire Vesian de Vesins, chevalier, sire de Vesins, châtelain de Notre-Dame de Lavaisse, Orneilhan, Lévenas, Saint-Pierre, etc...; de sa noble et puissante fille Mme Félixe de Lévezou de Vesins, seigneuresse douairière de Lévezou; de Révérend Père en Jésus-Christ, messire Pierre d'Estaing, prieur de la Dommerie de Notre-Dame d'Aubrac, en Rouergue; de très noble homme Pierre de Combret, chevalier, seigneur de Broquières; de très noble homme Guy de Céuarest, chevalier, seigneur de Saint-Amans de Prévinquières; et de noble homme Jean de Goson, écuyer, seigneur de Mellac.

Dans ce contrat le sire d'Estaing s'engage à donner à sa fille une somme de quatre mille écus d'or, et promet de lui fournir quatre habits, un en velours, un autre en damas, et les autres deux en écarlate.

Le sire de Vesins s'engage pour le futur époux, son petit-fils, à lui délaisser tous ses biens seigneuriaux, fonciers et mobiliers, présents et à venir, sous la réserve de l'usufruit, sa vie durant. Il promet *d'enjouailler la damoiselle d'Estaing* d'une chaîne ouvrée d'or du poids d'un marc, et il désire que le futur époux *joigne dès à présent à son nom, le surnom de Vesins et qu'il porte les armoiries dudit nom écartelées avec les siennes.* Stipulant qu'après le décès de lui Vesian de Vesins, donateur, les deux futurs époux se feraient appeler *Senhor et Dona de Vesins*, et que leurs descendants en feraient de même. Ce qu'ils ont scrupuleusement exé·uté et respecté jusqu'à nos jours.

Catherine d'Estaing é·ait issue du mariage de Bégon d'Estaing et de Marguerite de Goth, qui laissèrent dix enfants, savoir :

1• *Jean II, vicomte d'Estaing et de Cheylane, baron de Couros et de la Bastide, seigneur d'Allun, sénéchal de Rouergue, marié en 1463, à Delphine de Peyre, fille d'Astorg, baron de Peyre, et d'Elisabeth de Sagnes, dont il n'eut qu'une fille, Catherine, morte sans avoir été mariée.*

2° *Pierre d'Estaing, grand archidiacre de Rodez, abbé d'Aubrac.*

3° *Raymond d'Estaing, archidiacre de Lectoure.*

4° *Guillaume d'Estaing, prieur de Campagnac et de Pézenas.*

5° *Antoine d'Estaing, prieur de Rabastens.*

6° *Guillaume d'Estaing, seigneur de Sabrazac, de Saint-Chély et de Vitrac, mort sans enfants de Françoise d'Aubusson.*

7° *Antoinette d'Estaing, mariée en 1447, à Jean de Faudoas de Barbazan, premier baron de Guyenne, fils aîné d'Armand-Guillaume de Faudoas, dit le brave Barbazan, qui avait épousé Germaine de Balaguier, des princes de Catalogne, et qui fut inhumé dans la basilique de Saint-Denis par ordre du roi Charles VII en 1434.*

8° *Catherine d'Estaing, femme de Jean de Lévezou, qui nous occupe en ce moment.*

9° *Alix d'Estaing, mariée, en 1452, avec Guillaume, vicomte de Montal, seigneur de Carbonnière.*

10° *Agnès d'Estaing, mariée, en 1456, à Raymond Ebrard, seigneur de Saint-Sulpice.*

Par sa mère, Catherine d'Estaing appartenait donc à l'illustre maison de Goth, qui donna à l'Eglise Bertrand de Goth, né à Villandreau dans le diocèse de Bordeaux, nommé évêque de Comminges en 1295, puis archevêque de Bordeaux en 1299. Par les intrigues des Colonna et des Orsini, qui ne pouvaient se décider à nommer l'un d'entre eux à la papauté, ils portèrent leurs voix sur Bertrand de Goth, qui fut élu pape à Pérouse le 5 juin 1305.

Philippe-le-Bel mit tous ses soins à gagner l'esprit du

nouveau pontife, dont le couronnement eut lieu à Lyon avec une pompe extraordinaire, le 11 novembre 1305. Mais cette cérémonie fut troublée par un événement que l'on regarda alors comme un funeste présage. Après la cérémonie du couronnement, au moment où le cortège passait à la descente du Gourguillon, une muraille surchargée de spectateurs s'écroula ; le pape fut renversé, sa tiare s'échappa de sa tête et en roulant un rubis précieux s'en détacha et ne put se retrouver. Parmi les personnes qui formaient sa suite plusieurs furent grièvement blessées et succombèrent. Dans cette catastrophe le duc de Bretagne perdit la vie, et Charles de Valois en demeura estropié.

Catherine d'Estaing était aussi la petite nièce de Pierre d'Estaing, cardinal et camerlingue de la Sainte Eglise Romaine, archevêque de Bourges et de Ferrare, patriarche et primat d'Aquitaine, évêque d'Ostie, de Saint-Flour et d'Albano, Légat du pape Urbain V (Guillaume de Grimoard), dont il était le proche parent, et négociateur pour la paix chrétienne entre l'empereur d'Occident Charles de Luxembourg et l'empereur d'Orient Jean Paléologue. C'est lui qui porta le pape Grégoire XI, à remettre le Saint-Siège à Rome.

Béghon d'Estaing outre sa dot à Catherine, dame de Lévezou, lui fit un legs ainsi qu'à ses autres enfants. Dans son testament il nomme pour son légataire universel Jean d'Estaing IIe du nom, son fils aîné ; il lui substitue, en cas de mort sans enfants mâles, son fils puîné, Guillaume le Jeune, et à défaut de celui-ci, il appelle à sa succession le fils aîné de sa fille aînée Antoinette d'Estaing, baronne de Faudoas, et, dans le cas où la postérité d'Antoinette tomberait *de lance* en quenouille, il y substitue le fils aîné de sa seconde fille Catherine, femme de Jean, baron de Lévezou et sire de Vesins, à la charge de joindre à leurs noms et armes et de faire porter à leurs descendants les noms et armes d'Estaing. On peut remarquer que le testateur n'appelle en aucune manière à cette substitution les enfants provenus de ses deux autres filles, c'est-à-dire d'Alix d'Estaing, femme de Guillaume, vicomte de Montal, seigneur de Carbonnières et de Roquebrou ; et d'Agnès d'Estaing, dame douairière de Saint-Sulpice. Il arriva bientôt que le vicomte Jean d'Estaing, ne laissa qu'une fille, morte sans avoir été mariée, ainsi que nous l'avons mentionné plus haut dans la tablette généalogique des enfants de Béghon d'Estaing. Guillaume le Jeune, qui avait épousé Françoise d'Aubusson, fut tué dans un combat singulier par son parent Bernard d'Armagnac, comte de la Marche et duc de Nemours, lequel était son co-héritier pour la succession du maréchal de Séverac qu'il fit étrangler par ses gens dans une hôtellerie.

Guillaume d'Estaing, dit le jeune, étant mort sans postérité, et la branche aînée de sa maison s'étant éteinte avec lui, les barons de Faudoas issus de Béghon par Antoinette d'Estaing, s'étant éteints également à la première génération, ce fut aux enfants de Catherine d'Estaing, dame de Lévezou, qu'il appartint de recueillir la substitution établie par Béghon d'Estaing, son père, au profit de sa ligne féminine ; mais. ce fut la postérité de Guillaume d'Estaing, fils de Jean Ier, père de Béghon, qui fut mise en possession de son héritage, et cette branche puînée des sires d'Estaing ne s'éteignit qu'en l'année 1794, en la personne de Charles-Hector-Henry-Dieudonné d'Estaing du Terrail de Bayard, sire et comte d'Estaing, prince de Montréal, marquis de Xaintrailles et de Saillans, comte du Terrail-le-Bayard, vicomte de Cheylanes de Ravel et de Noyers-le-Francheis, baron de Vitrac, de Bayard-sur-Isère, Espondeillan, Savressac, Moissac, Estaingville et autres lieux, seigneur et compteur de Montferrand, d'Armagnac, protecteur héréditaire et proseigneur de la Dommerie d'Aubrac, chanoine héréditaire et Juspatron de la Très Noble et Insigne Eglise chapitrale de Notre-Dame-de-Villedieu, diocèse de Saint-Flour, Grand d'Espagne de la première classe, sénéchal du Rouergue et premier baron d'Albigeois, vice-amiral de France et chevalier des ordres du Roi, inspecteur-général de ses armées navales, Grand'Croix de son ordre royal et militaire de Saint-Louis, héritier des noms et armes de la famille de l'illustre Bayard; décapité en 1794, sans laisser de postérité masculine ni féminine.

Il résulte donc que les seuls représentants de l'ancienne et illustre maison d'Estaing sont aujourd'hui M. le marquis de Lévezou de Vesins et les agnats de cette maison, lesquels sont issus en ligne directe, légitime et masculine, de Jean II, baron de Lévezou, sire de Vesins, et de sa femme Catherine d'Estaing, fille de Béghon, testateur à leur profit éventuel en l'année 1477.

Du mariage de Jean de Lévezou et de Catherine d'Estaing naquirent :

1° Antoine Ier du nom, qui suit :

2° Antoinette de Lévezou, abbesse et marquise de Saint-Joas en Catalogne, abbaye de l'ordre de Clairvaux, où le pape Clément VII l'avait déléguée pour mettre la réforme en y établissant les saintes règles avec la dilection sévère et la vertueuse bénignité d'une mère prudente. Elle y mourut en odeur de sainteté le 14 octobre 1540, et Pédro de Cardonne ajoute qu'elle fut déclarée par le pape Paul III, *Vénérable servante de Dieu*. On voit par un titre du chartrier de Vesins, qu'elle avait d'abord été religieuse à l'abbaye de Saint-Saturnin-sous-Rodez, et qu'elle avait été dotée par son père, en l'année 1474.

3° Hélène de Lévezou de Luzençon de Vesins, mariée par

contrat passé au château de Vesins, le 22 juillet 1490, à noble seigneur André d'Ebretas, issu des comtes d'Orthès, écuyer, châtelain pour monseigneur le dauphin, de sa maison-forte de Cahours, seigneur de Castelfort-sur-Jaur, et co-seigneur de Crusy. Elle reçut en dot une somme de 1200 florins d'or.

Le château d'Estaing, d'une origine fort antique, donna son nom à la famille qui l'illustra. A diverses époques on fit subir à ce château des additions qui modifièrent sensiblement sa forme primitive. Jadis ses grandes salles étaient somptueusement meublées, et dans l'une d'elles on y remarque encore une cheminée de la renaissance, merveilleusement sculptée. Ses galeries étaient décorées de tableaux précieux. De ses terrasses qui dominent la rivière du Lot, la vue s'étendait sur un horizon splendide et faisait de ce lieu une résidence digne des seigneurs d'Estaing.

Le dernier des d'Estaing, mort victime de la Révolution, n'ayant point laissé de postérité, ses biens furent alors vendus par la nation, et le château d'Estaing, divisé entre plusieurs acquéreurs, vit les vandales s'attaquer à sa masse majestueuse. Aujourd'hui il ne reste plus que quelques bâtiments et trois grandes tours qui semblent désolées. On les regarde comme la partie la plus ancienne de l'édifice du château d'Estaing.

Un habile paysagiste a tracé au crayon une vue de ce vieux manoir seigneurial. Bientôt c'est tout ce qui restera de l'héritage des d'Estaing auquel se rattachent tant de beaux souvenirs de la vie féodale.

Antoine de Lévezou-de-Luzençon de Vesins, Ier du nom, qualifié noble et puissant seigneur, baron de Castelnaus de Lévezou, seigneur de Vesins, de Comprenac, de Compeyre, de Saint-Dalmazy, Maunac, Previnquières, etc., fils de Jean II de Lévezou et de Catherine d'Estaing ; aliéna plusieurs terres de sa maison et notamment la seigneurie de Saint-Christophe, qui était restée en possession et sans interruption, par ses auteurs, depuis Bernard de Levezou, son huitième aïeul, en 1151. Par acte du 30 janvier 1503, il établit le dénombrement des fiefs et seigneuries qu'il tenait du Roi, en ses comtés de Toulouse et du Rouergue, ce qu'il fit en présence des commissaires royaux pour ce délégués : 1° la baronnie de Castelmus-de-Lévezou, avec franche et noble juridiction de toutes justices, haute, moyenne et basse, mère et mixte impère, directile et franc-aleu, droit de lever Bannière et d'établir Juges, droits de haubert, y compris celui des seel et contre-seel rouge, avec le casque somm? de la couronne d'or à cinq fleurons ; item, en fait des autres droits de haubert ou grand baronnage ancien, celui des francs-rachats, aides seigneuriaux, lods et ventes, épaves, aubaines, et finalement toute suzeraineté mouvante en fief et relief du Roi et sans mitoyen seigneur, à cause de son comté de Toulouse ; 2° le château de Vesins, place forte, hospices et maisons closes en les murailles dudit château, avec la juridiction mouvante d'icelui, comportant les trois justices, et relevant du roi, en sa qualité de comte de Rodez ; 3° la seigneurie de Compregnac en la Haute-Marche du Rouergue, avec les mêmes droits, juridictions et mouvance du comté de Rodez ; 4° la possession de l'ancienne châtellenie de Prévinquières en indivis avec les seigneurs de Cenarest et de Varrès, laquelle châtellenie était dominée féodalement par la baronnie de Séverac, et tenue par les co-seigneurs sus-nommés, à l'obligation de service et fidélité, sans hommage, envers le seigneur et possesseur d'icelle baronnie. A cette époque le seigneur de cette baronnie était Jean d'Arpajon, vicomte du dit-lieu et baron de Séverac, mari d'Anne de Bourbon, dame de Mirebeau et du Mirebalais.

Dans le même acte Antoine Ier baron de Levezou, sire de Vesins, déclare aussi que s'il ne fait aucune mention de ses autres anciens domaines situés dans la sénéchaussée du Rouergue, c'est qu'il avait engagé *depuis quarante ans en çà*, mais avec clause et faculté de rachat et de retrait féodal et linéager, ses seigneuries de Saint-Christophe, de Peyre, de Thérandelin et autres lieux en Lévezou ; disant que s'il avait vendu ou engagé certains châteaux, places, domaines et villages de son patrimoine c'est *qu'il lui en coustoit beaucoup pour servir le Roy en ses guerres, tandis qu'il avoit cinq filles à doter, sept sœurs à douairier, et qu'il n'en falloit pas moins soubtenir son estat et celuy de sa femme avec leur meynalge.*

Par une suite d'actes postérieurs à cette déclaration de 1503, on voit également qu'Antoine Ier aliéna successivement plusieurs autres de ses domaines dont sa portion sur la seigneurie de Prévînquières : avec la plus grande partie de ses rentes féodales et droits utiles sur les terres seigneuriales et patrimoniales de Luzançon, de Rocquolles, Saint-Amans, Saint-Georges, Lassagués et Saint-Dalmazy, comme aussi dans plusieurs autres seigneuries, telles que celles de Château-Laval, qui ne se trouvent pas dénombrées dans sa même déclaration du 30 janvier 1503, pour la raison qu'elles n'étaient pas situées dans la sénéchaussée du Rouergue, où s'exerçait l'action des commissaires du Roi Louis XII.

Antoine Ier de Levezou avait épousé vers l'année 1480, très noble damoiselle Jeanne de Montvalat, fille de Louis, baron de Montvalat, et d'Aglaure de Caplue du Maynial. Louis de Montvalat, fut le trisaïeul paternel de Guillaume IV de Montvalat, chevalier, seigneur du dit lieu, marié par accord, du 12 septembre 1586, à Jeanne de Bourbon, dite *La Jeune*, fille d'Annet de Bourbon, vicomte de Lavedan, baron de Barbazan et de Malauze, et de

Jeanne d'Abzac de la Douze. Cette Jeanne de Bourbon-Malauze était petite-fille du connétable Charles III, duc de Bourbonnais.

Les Montvalat portaient : *D'azur, à un chevron d'or, accompagné de trois couronnes de laurier de sinople, liées de gueules, au chef, aux flancs et en pointe, et posées deux en chef et une en pointe.*

La terre de Montvalat est située près de la petite ville de Chaudesaigues (Cantal), dans la Haute-Auvergne. Elle donna son nom à une Maison des plus anciennes, des mieux alliées et des plus distinguées de cette province. Elle posséda la terre et le château de Montvalat jusqu'à la Révolution, et par d'anciens titres on voit que les seigneurs de Montvalat prenaient, autrefois le titre *de princes des hautes montagnes d'Auvergne.*

De cette illustre maison sont sortis les comtes d'Entraygues, en Rouergue, les seigneurs de Bonnechaise, de Cheylaret et du Coufour, dont la dernière du nom de cette branche a épousé M. Bout de Marnhac, juge de paix, à Aumont (Lozère). Le château du Coufour qui ne devait être autrefois qu'une dépendance de celui de Montvalat, domine la petite ville de Chaudesaigues, si curieuse par ses eaux bouillantes.

Que de fois nous sommes allés rêver des prouesses d'antan au château de Montvalat. Ses vieilles murailles sont toujours debout, ses tourelles en poivrières se dressent encore vers le ciel, mais l'escalier seigneurial résonne lugubrement sous les pas, et les grandes salles délabrées sont maintenant désertes. Seules deux ou trois pièces sont encore habitables et dans l'une d'elles se remarque un cabinet décoré de vieilles peintures à la colle ayant gardé assez de fraîcheur, malgré les intempéries et le manque d'entretien.

Ce château soutint plusieurs sièges. Le 31 mars 1585

les protestants s'en étant emparé le pillèrent entièrement. Ils n'abandonnèrent ce manoir qu'au bout de cinq semaines, après avoir beaucoup malmené le seigneur et la dame de Montvalat. En se retirant au château de Peyre, ces religionnaires emportèrent tous les titres, papiers, effets et richesses de la maison de Montvalat, ainsi que les trésors et choses précieuses de Chaudesaigues, d'Espinasse et autres paroisses voisines, que les habitants y avaient apportés, comme dans un lieu de sûreté. C'est alors que le seigneur de Canillac, gouverneur d'Auvergne, vint, par ordre de Charles IX, pour délivrer le seigneur de Montvalat; mais les religionnaires étaient déjà retirés.

Les Montvalat se sont alliés aux maisons de *Brossadol de Vallon, de Monstuéjouls, de la Croix-de-Castries, du Puy, de Bourbon-Malauze, d'Abzac, de Beauverger, d'Apchon, de la Rochefoucauld, d'Izarn-Valady, du Vialard, de Grandval, de Rieu, de Selves, de Castrevieille, de Pleuvre, de Montboissier-Beaufort-Canillac, de Raynald, de Mailhac, de Roquefeuil, etc...*

Antoine Ier de Levezou ne vivait plus en 1529, il laissa de Jeanne de Montvalat, sa femme, les sept enfants qui suivent :

1° *Jean III de Lévezou qui continue la descendance ;*

2° *Louise de Lévezou-de-Luzençon de Vesins, grande prieure et Grand'croix de l'ordre de Malte au chapitre de Saint-Jean-de-Beaulieu en 1553;*

3° *Hélène de Lévezou-de-Luzençon de Vesins ;* 4° *Alix de Lévezou-de-Luzençon de Vesins ;* 5° *Vésianne de Lévezou-de-Luzençon de Vesins ;* 6° *Peyronne de Lévezou-de-Luzençon de Vesins ;*	*Religieuses et sœurs de justice au même chapitre de Beaulieu*

7° *Sybille de Lévezon-de-Luzençon de Vesins, mariée par contrat passé le 13 septembre 1513, au château de Vesins, avec noble seigneur, messire Gabriel de Flavins, seigneur et châtelain de Ségur, en Quercy, de Thauxes et de Malhac. Ses père et mère lui constituèrent pour dot une somme de 1500 livres tournois, et promettent de lui donner quatre habits de noces en damas noir fourré de noir, en camelot de couleur tannée, doublé de fourrures blanches, et sans oublier de lui fournir quatre gonilles à l'espagnole, en satin rouge, en damas jaune, etc...*

•

Jean III de Lévezou-de-Luzençon de Vesins, qualifié de *Haut et Puissant* seigneur, chevalier et baron châtelain de Castelmus, de Compregnac, de Vesins, de Notre-Dame-Lavaisse, de la Tour de Prévinquières, de Maunac, de Joucq, etc... Par acte passé le 12 octobre 1530, au château de Favars, en Gailhac, il ratifia la vente faite par son père à Guillaume de Garseval, co-seigneur de Prévinquières. Toutefois il se réserva certains droits : « *D'abord le château de Vesins fermé de remparts avec son ancienne tour carrée, dans l'enceinte et à l'abri duquel château ses paysans et ses autres vassaux trouvent des hospices et larges maisons pour s'y refugier en cas de nécessité, temps de persécutions et maléfices de guerre. Encore, la seigneurie de Lavaisse, qui n'est qu'un mandement de LXI vassaux, et qui relève de la vieille tour de Vesins, de laquelle tour éjaillit et ressort juridiction de haute, moyenne et basse justice, avec juge, baillif et sergent pour le caractère d'icelle ; déclarant que les bourgeois, manants, paysans et autres ses vassaux de Vesins, sont tenus à l'aider par extra dans les six occasions, savoir : quand l'arrière-ban pour le service du roi, comte de Toulouse et de Rodez, se trouve appelé ; quand le seigneur de Vesins marie les filles de sa maison ; quand il est créé chevalier ; quand il est fait prisonnier, en combattant pour l'honneur et le profit du roi ; quand il veut aller au pèlerinage de Terre-Sainte ; enfin quand il achète un bien noble et terre seigneuriale au-dessus du prix de 300 livres tournois. Lesdits vassaux du même seigneur, devant se trouver pour lors en obligation de doubler leur imposition de la taille annuelle, et ladite châtellenie de Vesins relevant du roi, notre seigneur en sa qualité de comte de Rodez. De plus, le seigneur d'icelui château de Vesins, déclare posséder encore la juridiction suzeraine en toutes justices baronniales, à Castelmus au pays de Lévezou, avec château flanqué de tours, nobles foy-dataires, arrière-vassaux noblement pourvus d'arrière-fiefs, juge et advocats seigneuriaux, procureurs fiscaux, baillif, greffier, sergents et autres officiers pour le régime et règlement d'icelle baronnie, qui relève directement et sans moyens du roi notre seigneur, en sa qualité de souverain comte de Toulouse et laquelle dernière qualité dominait jadis en toute suzeraineté le comté du Rouergue ou de Rodez. Encore, est déclarée possédée par icelui baron de Castelmus de Lévezou-de-Vezins, la seigneurie châtelaine et haute justicière de Compregnac, avec son fort du Bourg et ses dépendances en toutes juridictions féodales et sous la mouvance et domination du comté de Rodez. Aussi, posséder en franc-aleu la seigneurie de la Tour de Prévinquières, située dans la baronnie et relevant du vieux château de Séverac ; en outre et finalement le fief de Jocq alias de Joucq, avec moyenne et basse justice, lequel est mouvant et dépendant de l'évêque de Rodez, en sa qualité de comte en partie deladite ville, en indivis avec le roi notre souverain seigneur. »*

Par traité conclu au château de Montsalés le pénultième jour du mois d'août 1518, Jean III de Lévezou épousa Très Noble damoiselle Jeanne de Balaguier, issue des princes de Catalogne et de Majorque. Elle était fille mineure de feu messire Gaspard de Balaguier, chevalier de l'ordre du Roi, baron de Montsalés, seigneur de Château-Balaguier, de la Chapelle-Balaguier, de la Roche-Balaguier et autres lieux ; et de Noble Antoinette de Gauthier, dame de Saint-Gauthier-sur-Aveyre, seigneuresse douairière de Savignac et de Pérignac. Jeanne de Balaguier avait eu pour aïeule Ursule de la Cerda de Solomayor de Guzman de Luna de Castille et d'Aragon, laquelle avait épousé François de Balaguier, duc de Pastrane et prince du Saint-Empire. Elle était également la petite-nièce et la filleule de Jeanne de Balaguier, princesse d'Agrigente et d'Anticoli, laquelle avait eu pour fille unique Urbaine d'Aquino de Balaguier, femme de Jean Paléologue des Empereurs d'Orient, despote de Morée, de Sébaste et d'Andrinople.

Jeanne de Balaguier, femme de Jean III, baron de Lévezou, fut la tante paternelle de Marguerite de Balaguier, héritière et dame de Montsalés et d'Estissac, veuve de Bertrand Ebrard, baron de Saint-Sulpice.

L'illustre maison de Balaguier aux armes d'*or, à trois fasces de gueules*, a pris son nom d'un château situé près des bords du Lot, sur les confins du Rouergue et du Querey. Cette famille de race chevaleresque et de haut baronnage florissait déjà en Rouergue dès le XIIe siècle où elle y tint durant de longs siècles un des premiers rangs par ses services, ses possessions seigneuriales, ses titres et ses alliances avec les plus anciennes races du pays. La maison de Balaguier s'éteignit vers la fin du XVIe siècle, et ses vastes domaines passèrent par les femmes dans la maison de Crussol, des ducs d'Uzès.

Tout à l'extrémité occidentale du canton d'Asprières et sur les bords fleuris et agrestes du Lot, s'élevait autrefois le château-fort de Balaguier dans lequel Ambiza, chef d'une troupe de Sarrasins, se fortifia et d'où il sortait de temps en temps pour piller : *les lieux saints et vexer les ecclésiastiques, les moines et autres honnêtes gens.*

Par ordre du roi Charles V, le château de Balaguier fut démoli en 1377, après qu'on l'eût repris sur les Anglais, qui s'en étaient rendus maîtres.

La maison de Balaguier avait comme résidence habituelle le vaste et superbe manoir de Montsalés, près des bords du Lot.

Jadis, du haut des tours de cet antique château, le baron de Balaguier déployait sa bannière, lorsque le ban l'appelait aux combats, et sous elle venaient se ranger les vassaux qui relevaient de ce seigneur. Montsalés n'existe plus, le vent de folie qui souffla en 1789, l'a emporté. Sa perte est regrettable, car sous la domination de la maison de Crussol d'Uzès, il était devenu un séjour d'une magnificence vraiment royale. Le marquis Emmanuel de Crussol-Montsalés, qui avait épousé, en 1683, Marie-Madeleine Fouquet, fille de Nicolas Fouquet, vicomte de Melun et de Vaux, marquis de Belle-Isle, maître des Requêtes sous Louis XIII, procureur-général au Parlement de Paris sous Louis XIV, et surintendant des finances, et de Marie-Madeleine de Castille-Villemareuil, sa seconde femme, recueillit dans son château de Montsalés la famille Fouquet, à la disgrâce de son beau-père, ainsi que Marie de Maupeou, mère du surintendant. Marie de Maupeou était une femme d'une éminente piété et d'une rare bienfaisance. Au moment des malheurs des siens elle voulut partager l'exil de ses enfants, mais, malade, languissante depuis le coup funeste qui l'avait mortellement frappée, le séjour de Montsalés ne pouvait lui convenir. Elle alla habiter Villefranche avec son fils l'évêque et comte d'Agde, où il était lui-même exilé. Elle y mourut en 1681, âgée de 91 ans, entourée de respect et de vénération. C'est dans cette ville, où les nobles exilés demeurèrent environ vingt-cinq ans, que naquit, le 22 septembre 1684, Louis-Charles-Auguste Fouquet, maréchal duc de Belle-Isle, successivement mestre de camp d'un régiment de dragons de son nom en 1705, brigadier le 12 novembre 1708, mestre-de-camp général de dragons le 5 juillet 1706, maréchal de camp le 8 mars 1718, lieutenant général des Armées de Sa Majesté le 22 décembre 1731, gouverneur de Metz et pays Messin le 17 mars 1733 ; reçu chevalier des Ordres du Roi le 1er janvier 1735, créé Maréchal de France le 11 février 1741, duc de Gisors en mars 1742 ; prince de l'Empire et chevalier de l'Ordre de la Toison d'Or la même année ; l'un des quarante de l'Académie Française, où il fut reçu le 20 juin 1749 et secrétaire d'Etat du département de la guerre le 3 mars 1758. Il mourut le 26 janvier 1761, et avait épousé en premières noces le 21 mai 1711, Henriette-Françoise de Durfort-Civrac, morte sans enfants ; secondement le 15 octobre 1729, Marie-Casimire-Thérèse-Geneviève-Emmanuele de Béthune, fille de Louis-Marie, comte de Béthune et d'Henriette d'Harcourt. De cette dernière alliance naquit Louis-Marie Fouquet, comte de Gisors, né le 27 mars 1732, colonel du régiment de Champagne, gouverneur de Metz et du pays Messin, par démission du maréchal de Belle-Isle, son père, le 9 mai 1753 ; brigadier d'infanterie le 2 août 1757 ; mestre de camp, lieutenant du régiment royal des carabiniers avec rang de sa première promotion. Il fut blessé mortellement à la bataille de Crevelt, en 1758, à la tête des carabiniers qu'il commandait, et ne laissa point d'enfants de son mariage avec Hélène-Julie-Rosalie de Mancini-Mazarini, fille aînée du duc de Nivernais et petite fille du duc de Nevers.

Le comte de Gisors, dit la marquise de Créqui, était le jeune seigneur le plus beau, le plus brave et le plus aimable de son temps. Il avait vingt-six ans.

Louis XIV alla faire sa visite de condoléance au maréchal duc de Belle-Isle, et c'était, disait celui-ci, la seule consolation qui pût triompher de son afliction paternelle.

Ainsi s'éteignit l'illustre maison Fouquet.

•

Jean III de Lévezou-de-Luzençon-de-Vesins testa par acte du 14 novembre 1553, en son château de Vesins. Dans cet acte, il ordonne *« qu'on inhumât son corps dans son église paroissiale et seigneuriale de Vesins, et dans la chapelle sépulcrale établie par ses ancêtres »*. Il institua, pour son héritier universel, Antoine, son fils aîné. Il fit plusieurs legs à ses autres enfants, en laissant la jouissance et l'administration de ses biens à Jeanne de Balaguier, leur mère, et sans être obligée d'en rendre compte, à condition qu'elle resterait en viduité. Il désigna, pour exécuteur de ses dernières volontés, l'Eminentissime Cardinal Georges d'Armagnac, évêque et comte de Rodez, ainsi que François et Jean de Balaguier, religieux.

Jeanne de Balaguier testa le 10 mai 1566, instituant pour son héritier universel, Antoine de Lévezou, son fils aîné. Elle donna à Jean, son fils cadet, une somme de 1.500 livres; à la demoiselle Jeanne, sa fille, un legs de 100 livres tournois; et de plus, à Jeanne, fille naturelle du seigneur son mari, 100 livres, ainsi qu'une robe de drap noir *« que la dame testatrice a souvent portée ; ceci par considération pour les agréables soins qu'elle a reçus de la dite batarde »*. Demandant à être inhumée dans le même tombeau que ledit seigneur défunt, son mari, et ordonnant qu'on appelle à ses funérailles treize femmes ou filles accoutrées de drap blanc, portant des torches de cire avec l'écu de ses armes. Enfin elle donna à l'église une de ses robes en velours noir, afin que l'on en fabrique une chape ornée de ses armoiries.

Du mariage de Jean III et de Jeanne de Balaguier vinrent :

1° Antoine II, qui va continuer la descendance ;

2° Jean de Lévezou, écuyer, seigneur de Térandeliz, mort célibataire en l'année 1572.

3° Jeanne-Véziane de Lévezou de Vesins, mariée par contrat du 14 novembre 1553, avec très-noble et puissant seigneur, messire Pierre du Bosc-Savignat, chevalier-seigneur de Cantalup en Carignan, gouverneur de Nérac et grand fauconnier du Roi de Navarre, Antoine de Bourbon. Ce Pierre, seigneur de Cantalup, avait eu pour oncle paternel, Philippe du Bosc-Savignat, patriarche d'Antioche, archevêque de Bénévent et gouverneur de Rome sous le pontificat de Léon X. Il était également l'arrière-neveu du cardinal Arnauld de Cantalup, archevêque de Bordeaux et camerlingue de la Sainte-Eglise romaine sous le pontificat de Clément V. Ce cardinal eut pour successeur, au siége archiépiscopal de Bordeaux, un autre de ses neveux du même nom d'Arnauld de Cantalup, surnommé le Jeune.

4° Jean de Lévezou-de-Luzençon-de-Vesins, qualifié haut et puissant seigneur, chevalier de l'Ordre du Roi, baron de Séneuil, châtelain de Rhodier-de-Combiac, seigneur de Luganac, de Bussac, en Agenais, de Charry, de Quérancières et autres lieux, grand bailli d'épée, sénéchal et gouverneur du Quercy, lieutenant pour le Roi dans la Guyenne, gouverneur des ville et château royal de Cahors, gentilhomme de la Chambre du roi Henri III, et capitaine de cinquante hommes d'armes de ses ordonnances.

Les mémoires du temps le surnomment le *Brave Vesins* et les écrivains de son époque en parlent comme l'un des plus intrépides et des plus habiles capitaines du XVI siècle. Il s'illustra surtout au siège de Cahors en 1580, qu'il défendait contre Henri IV, alors que ce prince n'était encore que roi de Navarre. « *Comme il estoit dans la place avec quinze cents hommes de pied qu'il avoist aguerris, une compagnie d'ordonnance et grand nombre de noblesse, sa vigilance, son courage et resputation estoient tellement cognus que l'entreprise estoit fort hasardeuse. Il n'y avoist point de vieulx capitaine qui ne dissuadâst le Roy* (de Navarre) d'entamer la guerre par une témérité dont le maulvais succès feroist échouer touts ses aultres desseins; mais le ressentiment qu'il avoist de quelques bravades (du dict seneschal de Quercy), et l'importance de la place de Cahors, qui est capitalle du pays, fisrent passer le Roy sur toutes ces difficultés. »

On sait qu'Henri IV n'a rien de plus glorieux dans son histoire que la prise de Cahors, dont il fit sauter les portes pendant la nuit au mois de mai 1580. De son aveu même, jamais autant de dangers à la fois ne furent suspendus sur sa tête. Les officiers le pressant de se retirer après cinq jours et cinq nuits de combats sans repos et sans succès, il leur répondit : « *Il est écrit là-haut que ce doit être fait de moi en cette occasion. Souvenez-vous que ma retraite hors de cette ville, sans l'avoir assurée au parti, sera la retraite de ma vie hors de mon corps; il y va trop de mon honneur; ainsi, qu'on ne me parle plus que de combattre, de vaincre ou de mourir!* »

Vesins avoist rendu, dit Mezeray, de grands services contre le roy de Navarre, et fust tué au siège de Cahors en combattant si courageusement que non seulement les soldats mais les chefs de l'expédition se persuadèrent que la ville n'eust pas été prise, s'il n'avoist pas esté tué. »

Mais, malgré le témoignage de Mezeray, le sénéchal du Quercy ne fut point tué dans ce siège mémorable et la meilleure preuve est la lettre que lui adressa Henri III, le 21 septembre 1583, où il le remercie des services qu'il rendit dans la ville de Cahors, et surtout de la merveilleuse conduite qu'il a tenue depuis la perte de cette ville, car Vesins, après avoir chèrement fait payer au Béarnais sa conquête, rendit sa victoire inutile en rompant toutes ses mesures et l'empêchant de s'étendre dans la province.

Nous publions ici quelques-unes des lettres de Henri III, de Catherine de Médicis, du duc de Guise, du maréchal de Biron, à Jean de Vesins, sénéchal du Quercy.

Première lettre d'Henri III.

M. de Vesins ayant sçu que monsieur l'admiral voulait faire quelque paracheremenl de monstre à la compagnie par deça et présuposant qu'il nous en pourrait avoir écrit, j'ai bien voulu vous en mander, comme j'ai fait à lui, mon intention que cela se remete à un autre temps et lieu, d'où l'on ne puisse prendre les mauvaises soupçons que l'on fairoit et lesquelles attireroient après des remuemens que je veux surtout éviter et vous prier de rechef de suivre en cela mon désir et nostre Seigneur et Sauveur vous donner, M. de Vesins, en parfaite santé, longue et heureuse vie.

De Agen ce 10e jour de décembre 1576.

Votre bon amy, HENRY.

Au dos : M. de Vesins, chevalier de l'Ordre du Roy monseigneur et lieutenant de Monsieur l'Admiral en sa compagnie.

Deuxième lettre.

Monsieur de Vesins, j'ay toujours en y celle assurance de vostre fidélelé et dévotion à me faire service que se presentant maintenant l'occasion de continuer spécialement de votre costé et auprès de mon cousin M. le marquis de Villars, admiral de France, je ne douple point de vous prier, comme je fais, de l'employer et, en ce faisant, vous retirer auprès de luy pour l'ayder et l'assister de votre bon conseil et moyens en ce qui s'offrira pour mon dit service. Croyant que celuy que vous y fairez je ne l'oublieray point, mais mettray peine de le reconnoistre selon les occasions qui se presenteront de vous gratifier à votre contentement, priant Dieu, M. de Vesins, vous avoir en sa garde.

Escrit à Blois, le 30 jour de décembre 1576.

Henry.

Première lettre de Catherine de Médicis.

M. de Vesins, je vous puis confirmer que le roy Monsieur mon fils et moy avons entier contentement de vous et de vos services lesquels on ne laissera perdre occasion de reconnaistre, ainsy que merités ; désirant ledit sieur roy, mon fils, et moy, que vous assembliés au plus tost la compagnie de mon cousin l'admiral, de laquelle vous êtes lieutenant et avec y celle et le meilleur nombre de vos parens et amis que vous pourrés avoir, l'aller trouver, pour servir aux présentes occasions, qui sera un service fort signalé et à propos.

Quant à la charge de gouverneur, de quoi ledit sieur roy, mon fils, nous a cy devant fait entendre son intention, que l'ayant auparavant accordée au sieur de Clermont-Lodere, il semble raisonnable, qu'il luy demeure, qui n'est pour vous préjudicier aucunement, ainsy que les effects vous le témoignent à bon escient, priant Dieu qu'il vous ait, M. de Vesins, en sa sainte garde.

Escrit à Blois le 25e jour de janvier 1577.

CATHERINE.

Deuxième lettre de Catherine de Médicis.

M. de Vesins, j'ay veu par la lettre que vous m'avés escrite, le bon devoir que vous et le vicomte de Gourdon avés déjà commencé de faire pour l'exécution de la charge que je vous ay commise, dont je vous sais et à luy infiniment bon gré, vous priant de continuer ce que vous avés si bien commencé, tant pour faire chastier exemplairement le capitaine Laberle et ses aultres complices que vous avés fait prendre prisonniers que pour ces aultres choses qui sont de vostre charge et commission; estant très bien fait de faire desmolir, comme j'ay veu que vous faites les choses qui ont esté fortifiées contre l'intention de l'édit; car je sçais bien que le roy, Monsieur mon fils, en sera bien ayse, m'ayant escrit qu'il trouvoit bon que tous les lieux où se retiraient et pourraient retirer ceux qui faisoient ces maux fussent desmolis et razés par l'advis de ses lieutenants généraux qui connoissent s'il est à propos de le faire.

Mais je vous diray encore pour le regard dudit Laberle

qu'il fault s'il est possible, faire en sorte que si le prevost de Quercy ne le peut faire exécuter, que ce soit le lieutenant du grand prevost que je vous ay envoyé, ou, s'il se trouvoit encore difficultés, qu'il ne se peut faire non plus que l'aultre, je serays de mesme advis que vous que l'on fits amener icy ledit Laberte, comme je vous en prie, si vous reconnaissés qu'il se puisse suresment faire, afin que l'on le fist despescher par deça, et si ce mauvais ministre qui a provoqué ceux de Caussade à sédition et empesché la justice y estoit aussi, croyés qu'on luy fairoit faire le sault, car il le merite bien estant un crime capital que celuy qu'il a commis d'empescher l'exécution de justice et exciter le peuple à tumulte.

Je m'assure que s'il y a moïen d'y pourvoir, vous le saurés dignement faire; aussi vous en prie de bon cœur, et ledit vicomte de Gourdon aussy auquel j'escris une lettre, que je vous prie luy faire tenir, pour response à ce que vous m'avés envoïé de luy, remettant le surplus de tout ce que je vous pourrais mander, à ce que vous écrira, faisant response à nos lettres, mon cousin le maréchal de Biron, priant Dieu, M. de Vesins, vous avoir en sa garde.

Escrit à Thoulouse le 3e jour de novembre 1578.

Catherine.

Lettre du roi Henri III à la noblesse du Quercy au sujet de Jean de Vesins.

Messieurs, nous ne pourrions suffisamment vous représenter par lettres le contentement qu'il nous demeure de ce que vous nous avés escrit par les votres du 18e de ce mois de janvier, conoissant que tout le contenu en icelles est très véritable tant pour ce qui touche le seigneur de Vesins, seneschal du pays, que pour notre particulier, nous assurant qu'oultre que ce que nous savons de la valeur, mérite, expérience et singulière affection à notre service dudit seigneur de Vesins, nous avons reçu en très bonne part le témoignage à la recommandation fort affectueuse que vous nous en faites, qui luy aporte grande louange et confirme la bonne opinion que nous avions de luy, suivant laquelle nous désirerions bien le gratifier, et vous aussi de la charge de gouverneur du Quercy, en la lui accordant, comme a esté fait aux aultres de ces quartiers là ; ayant pareille charge à qualité de seneschal, qui est aussi une grande considération pour nous faire incliner à ce qu'il désire. Mais ayant auparavant accordé ledit gouvernement au seigneur de Clermont de Lodère, ainsy que nous avons cy-devant escrit audit seigneur de Vesins, nous ne pourrions raisonnablement le changer à présent, et prions ledit seigneur de Vesins qu'il assemble au plus tost la compagnie de nostre cousin l'admiral de France, de laquelle il est lieutenant, et avec y celle et bon nombre de ses parens et amis, il se rende au plustost prez mon dit cousin l'admiral, qu'il nous faira un service fort signalé et à propos et de non moindre contentement pour nous et de mérite pour y celuy seigneur de Vesins duquel nous aurons toujours très bonne souvenance pour, aux occasions, luy faire paroistre les effects de nostre bonne volonté, comme nous faisons en nostre endroit, tant en général qu'en particulier, vous priant autant affectueusement qu'il nous est possible de nous continuer et conserver la dévotion et fidélité singulière que vous avés toujours démonstré et qui est contenue en vos dites lettres. Et en ce faisant vous prions aussi et admonestons d'assister et ayder, pour nostre service ledit seigneur de Vesins, qui sera chose laquelle nous aurez trez agréable, comme vous pourés considérer et trez utile au païs, selon que plus particulièrement nous esperons que vous en aprendrés de nostre propre bouche aprez que nos estats seront déterminés, que nous avons résolu d'aller nous mesme en nostre païs et duché de Guyenne, suppliant le Créateur vous avoir, Messieurs, en sa sainte et digne guarde.

Escrit à Blois, le vingt-sixième jour de janvier 1579.

Henry.

Lettre du maréchal de Biron.

Monsieur mon cousin, je vous supplie vous acheminer jusques à Saint-Supplisse où se trouvera M. de Canabases, lequel je vous supplie croire. Je l'envoie quérir. Peultestre qu'il ira vous trouver chez vous. Il est nécessaire que vous aliés jusques à Figeac pour promunir à tout, aultrement je y vois du désordre et scandalle. Le roi de Navarre est à Neirac et a enviré de ses guardes, dès dimanche au matin, pour secourir la citadelle. Je ay advisé que M. de Canabases sen ira droit à vous. Je vous supplies festes si bien de vous acheminer au servisse du roy et bien public. Je sais qu'il ne vous en faut sollissiter.

Vostre bien affectionné cousin, à vous fere servisse

Biron.

Lettre d'Henri de Lorraine duc de Guise.

Monsieur de Besins, outre la lettre que le roy bous escript en faveur du sieur de Suzanne pour l'assister de bostre aide et auctorité à le remettre dedans son chasteau de Monbrun que luy detient par force ung nommé le sergent Reigniers et aussy luy faire restituer les meubles, papiers et enseignements qui estoient dedans ledict chasteau lorsque ledict Reyniers s'en empara. Je en ai pareillement boulu faire ce petit mot et bous prier affectueusement de luy en estre en cela aydant et secourable comme je sçay qu'en avés le moyen, attendu que telle est l'intention de Sa Majesté, et m'assurant que ne luy bore dres en chose si raisonnable refuser bostre auctorité. Je ne vous en dirai davantage, prian Dieu bous donner, Monsieur de Besias, ce que mieulx désirés.

De Paris, ce 29 octobre 1579.

Vostre entièrement meilleur ami à jamais.

Henry de Lorraine.

Jean de Lévezou, sénéchal et gouverneur du Quercy, étant veuf de Marguerite Le Prestre de Bapt, de la même famille que Sébastien Le Prestre, seigneur de Vauban, maréchal de France, épousa en secondes noces Peyronne de Nogaret, dame de Charry, issue de la même maison que Jean-Louis de Nogaret de la Valette d'Epernon, duc et pair, amiral de France, lequel fut mis dans l'obligation, par arrêt du Parlement de Toulouse, à restituer et délaisser la seigneurie de Nogaret, *à sa cousine, la Sénéchale de Vesins et ses héritiers*, en exécution d'une clause du testament de leur aïeul commun.

Jean de Lévezou fit son testament en son château de Rhodier-de-Combiac, le 12 avril 1581. Il y marque sa sépulture en l'église cathédrale de Cahors, laissant l'université de ses biens à son fils aîné, issu du premier lit : Antoine de Lévezou de Vesins, à son second fils, nommé comme son frère Antoine, il laisse une somme de dix mille livres tournois, et la même somme à chacun de ses deux autres enfants issus de son second mariage.

Sa postérité s'éteignit et la plus grande partie de ses biens revinrent à la branche aînée.

∴

Antoine II de Lévezou-de-Luzençon-de-Vesins, chevalier de l'Ordre du Roi, seigneur et baron de Vesins, de Castelnaus-de-Lévezou en Rouergue, d'Enguerravaques au diocèse de Lavaur et de Saint-Aignan-le-Franc-Castel, châtelain de Compregnac, de Morlas, de Maunac, en Albigeois, de Saint-Martel, en Condomois, et de Ségur en Quercy; seigneur de Lavaisse-lès-Vesins, de Joucq, de La Tourette-de-Léault, de La Salle, en Lauraguais, de Nogaret, Villonghe, Esparvac, Avrignac en Foix, et Bussac en Agénois, grand bailli d'Epée, lieutenant pour le roi François Ier, gouverneur et commandant pour les rois Henri II, François II, Charles IX et Henri III, dans leurs provinces et pays de Rouergue, de Quercy, d'Albigeois et des Cévennes, gentilhomme de la chambre de Leurs Majestés, conseiller en *leurs conseil d'en haut et conseil étroit*; capitaine de cent hommes d'armes à palefrois armés de leurs ordonnances, et capitaine-général des XIII mille hommes de guerre et de pied de l'arrière-ban Languedocien.

Antoine II, baron de Lévezou, naquit vers l'année 1522, et par contrat du dernier jour du mois de février 1556, il épousa Jeanne de Roquefort-Morlas, qualifiée très noble damoiselle, fille aînée de haut et puissant seigneur, messire Guillaume de Roquefort, chevalier, baron d'Enguerravaques et de Saint-Aignan, seigneur d'Avrignac et autres lieux, et de haute et puissante dame Gabrielle de Saint-Oreux de Morlas, dame et châtelaine et patronne dudit lieu de Morlas, ainsi que d'Esparvac en Lomagne, et de Saint-Martel en Condomois. L'illustre maison de Roquefort tirait son origine de Jean de Grailly, frère puîné de Pierre II, sire de Grailly, vicomte de Benauges et captal de Buch. Il avait épousé Blanche de Foix, fille de Gaston, comte de Foix, et de Jeanne d'Artois, nièce de Philippe-le-Bel. Ce Jean de Grailly, en épousant l'héritière de la maison de Roquefort, qui lui apporta en mariage la seigneurie de Roquefort, avec les baronnies d'Euguerravaques et de Saint-Aignan-le-Franc-Castel, en retint le nom. Jean de Grailly de Roquefort était issu d'Olivier de Grailly, et de Jeanne de Foix, laquelle était fille de Corbéran de Foix, et de Mangarde de Villars, sœur d'Odon de Villars, sire de Baux, prince d'Orange et souverain comte de Genève. Cet Olivier de Grailly, dit de Roquefort, était fils aîné de Vesian de Roquefort baron de Guervac, seigneur de Roquefort en Rouergue et d'Avrignac au comté de Foix, dont la mère avait été Vesiane de Vesins, fille de Dalmas II, seigneur de Vesins, et de Martine du Pouget. Les sires de Grailly portaient : *d'or, à la croix de sable, chargée de cinq coquilles d'argent.*

Jeanne de Roquefort, épouse d'Antoine II de Lévezou, se trouvait alliée à la maison royale de France par celles de Foix, d'Albret et de Bourbon-Vendôme, ainsi qu'aux maisons royales de Portugal et de Savoie par les comtes de Genève, sires de Thoires et Villars. Elle était cousine au 5e degré, de la reine Jeanne d'Albret, par Catherine, comtesse de Foix et reine de Navarre, laquelle avait épousé en 1484, Jean II, sire d'Albret, bi-saïeul maternel du roi Henri IV.

En 1507, Antoine de Levézou, baron de Vesins, acquit la Châtellenie de Ségur en Quercy, par donation de Catherine de Flavins, fille de feu Jean de Flavins, châtelain de Ségur, et de Sybille de Lévezou de Vesins, son épouse, déclarant la demoiselle de Flavins, et donnant pour motif audit contrat, que Félixe de Flavins, sa sœur aînée, mariée avec messire Pierre de Bernad, seigneur de Saint-Jean, « *ne la vouloit nourrir ni entretenir des aliments victuels, ni accoutrements nécessaires, sinon plutôt de paroles fâcheuses et opprobres, de sorte qu'elle avoit dû se retirer vers le dit seigneur son cousin-germain, comme étant le plus proche parent et le meilleur ami qu'elle eût.* »

Par lettres datées du 28 août 1572, il reçut commission du roi pour lever une compagnie de 1200 hommes de guerre, et dans ce brevet signé du duc d'Anjou et de Bourbonnais, lieutenant-général et frère de Sa Majesté, il est qualifié chevalier de l'Ordre du Roi, gentilhomme de sa chambre, capitaine de cent hommes d'armes de ses ordonnances, etc. On remarque dans les lettres de René de Lucinge, seigneur des Alismes, ambassadeur et grand référendaire du duc Charles-Emmanuel de Savoie « *qu'il ne s'entreprenoit jamais rien, soit à Paris, soit à Bloys, dans le conseil d'en haut, sans d'abord que l'on n'eust mandé le vieux Baron de Vesins, qu'on faysoit survenir de son commandement du Rouergue, afyn d'en avoir son advis, qu'il ne donnait jamais que mal volontiers, disant qu'il n'estoit nulle autre chose qu'homme de guerre, et bien qu'il fust en effet un des plus advizez personnages de son temps: cas estrange en un Seigneur du pays de Gascogne! et plus estrange homme, en vérité, car il estoit d'esprit subtil et délié quoique rudement acerbe et bouillant, sous sa tocque noyre à l'antique, avec un ayr seigneurial et de franc-vouloir qui sentoit parfaitement sa bonne mayson. Comme il estoit cruellement impétueux dans sa vindicte et néantmoins de générosité merveilleuse et dont on savoit mille traicts, feu l'Amiral de Coligny l'appeloit le Lion Catholique, et Monsieur le Chancelier de l'Hospital me dizoit un jour de lui : C'est un homme à moytié de pur or et de fer ardent* ».

Nous rapportons, sur sa vie, l'anecdote suivante décrite par Mézeray avec la familiarité de son vieux style et la simplicité de son temps :

« *J'avois presque obmis d'écrire une des plus généreuses*

actions quy se soit jamais faites, et qu'on ne sçauroit recommander à la postérité avec assez d'honneur et de louanges. Il y avoit deux gentilshommes de Quercy, Vesins, catholique et lieutenant du Roy dans cette province, et Reignier (1), huguenot et lieutenant pour les Princes au même endroit ; tous deux, fort vaillants ; mais le premier, homme rude et furieux, le second, plus doux et plus traitable ; lesquels ayant fait leur querelle particullière de la querelle généralle, et s'estant mortellement offensez, ne cherchoyent qu'une occasion pour se couper la gorge. Durant la plus grande ardeur du tumulte, comme on enfonçoit les portes de chez Reigniers (son logis à Paris, était l'ancien hôtel de la Trémoille, rue des Bourbonnais), et comme il se prépa-roit à recevoir le coup de mort, arrive Vesins que le Roy Charles envoyoit faire son office en Quercy. Il entre dans la chambre où estoit Reigniers avecques deux aultres hommes, ayant tous les trois la rondasche et l'épée à la main, les yeux étincellants de colesre et le visage tout rouge ; Reigniers, encore plus effroyé de voir devant luy son plus cruel et capital ennemy, se presterne par terre, implosrant seullement la miséricorde divine... Mais l'aultre luy commande d'une voix tonnante qu'il ait à se lever pour le suivre : Reigniers obéit, sans pouvoir se dire à quel genre de mort il le destinoit. Comme ils arrivoient dans la rue, Vesins le faict monter sur un beau cheval, qu'un de ses gents tenoist en main, et sortant de la ville par la porte Saint-Michel, suivy de quinze aultres, il l'emmène à petites journées à plus de cent lieues de Paris, jusqu'à un billot qui estoit à la porte de Reigniers (2). Durant tout le che-

---

1. *Tobie de Pestels de Grimoard de Tubières de Léris de Caylus, baron de Regniès et de Lacoste, au diocèse de Montauban.*

2. Un poteau d'armes en dehors du pont-levis du château de Reyniès, en Montalbannais.

min, il ne luy avoist pas dict une parolle ; mais s'arrestant à cet endroict, il parla ainsi : — Reignters, mon honneur et la bonne opinion que j'ay de ton courage m'ont empesché de te laisser oster la vie, je ne suis pas homme à me venger sy laschement, ni ne veulx point donner subject de penser que la crainte que j'auroys eue de toy m'auroyt porté à te faire assassiner. Maintenant que tu es en liberté, tu peux te ressentir, et me voilà prest à te satisfaire...

A cela, Reigniers répartit : — Je n'en ay plus la vollonté ni la force ! Vostre générosité, quy m'a gagné le cœur, m'en a osté le courage. A quoy pourrois-je employer la vie que vous m'avez donnée, si non qu'à me revancher d'une si haulte et doulce obligation. Assurez-vous, Monsieur, que comme elle a esté à vostre discrétion pleine, et dans vos nobles mains, huit jours durant elle sera toujours à vostre service. Vous m'avez amené jusqu'icy, mais je suis prest à vous suivre partout où il vous plaira me commander... Disant cecy, la larme à l'œil, il s'approcha de Vesins pour l'embrasser : mais se reculant sans adoulcir son visage, Vesins lui dict du même ton : — Il m'est indifférent que tu soys encore mon ennemy, ou que tu deviennes mon amy : tu vas décider à loysir lequel tu voudras estre ; et sans luy donner le temps de répliquer, il piqua des deux et le laissa là, ravy d'étonnement et de joye. Reigniers lui renvoya aussitôt son beau cheval, avec un grand compliment, mais il ne voullut pas le reprendre : Vesins respondit qu'il ne voullait pas recevoir un cheval quy avoist esté monté par un huguenot ».

Le prieur de Coulombières ajoute au récit de Mézeray, que : « *s'estant priz de fascherie contre le feu Roy Henry de Valloys, pour un subject quelconque, et celuy-cy voulant néantmoins bailler à luy le collier du Sainct-Esprit, à la promotion du 31 décembre 1759, on luy escrivit de par le Roy, pour faire dresser ses preuves, et qu'il respondy à cecy qu'il n'estoit plus de ce monde, et qu'il n'auroist eu nul besoin de montrer ses papiers de famille aux officiers du grand Roy François Ier, ni de son fils Henri deuxième ».*

Antoine II de Lévezou, baron de Vesins, fit son testament le 8 février 1595, en son château de Vesins; il élit sa sépulture dans la chapelle de Notre-Dame, *en son église dudit lieu, au même tombeau que ses prédécesseurs.* Il ordonne qu'on appelle à ses funérailles cinquante pauvres, et qu'on donne à chacun d'eux XII palmes de drap, et de plus, un cierge allumé qui sera décoré de ses écussons blasonnés. Il fait également des legs à ses pauvres vassaux de ses terres du Rouergue, ainsi qu'à ceux d'Enguerravaques et de Saint-Aignan, et institue Jean, son fils aîné, pour son héritier universel. Enfin, il fait des legs à ses deux autres enfants, et il accorde la moitié de l'usufruit de ses biens à Jeanne de Roquefort, leur mère. Il assistait le 7 avril de l'année suivante, au contrat de mariage de sa fille Antoinette, et ne vivait plus le 9 juin 1604, époque où Jeanne de Roquefort fit son testament au château d'Enguerravaques, et dans lequel elle se dit veuve et âgée de 70 ans.

Antoine II, avait eu de Jeanne de Roquefort :

1° *Jean IV, qui suit ;*

2° *Tristan de Lévezou de Vesins, substitué par son aïeul maternel aux noms et armes de Roquefort et de Morlas. Il fut appelé à la succession de son dit aïeul, par son testament du 1er novembre 1574, à la charge de porter et perpétuer son nom et ses armes de Roquefort. Mais il mourut avant le 15 mars 1610, sans postérité ;*

3° *Françoise de Lévezou de Vesins, mariée par contrat le 7 février 1581, en présence de son père, qui lui constitua pour dot une somme de cinq mille écus d'or-au-soleil, avec haut et puissant seigneur, messire Barthélemy de Rogier, baron de Ferraz-en-Lauraguais, gouverneur et sénéchal dudit pays.*

Devenue veuve en 1595, elle se remaria avec noble seigneur Vidal du Peyrier, écuyer, seigneur de Beaufort et de Maulay-le-Grand ;

4° *Suzanne de Lévezou de Vesins, mariée par contrat du dernier jour de novembre 1591, à messire François, vicomte d'Escorailles, alias de Scorailles, seigneur de Bourran, d'Aniac et autres lieux. Les de Scorailles marquis de Roussille, en Auvergne, Limousin, Bourgogne et Guyenne, portent : d'azur, à trois bandes d'or ;*

5° *Antoinette de Lévezou de Vesins, mariée en 1596, avec messire Jean-Sébastien de Rochefort, des comtes de Blanchefort, baron de Marqueis en Limagne et seigneur de Clérigial-lez-Brioude. Il était fils de François de Rochefort, et de Gabrielle de Brassac, dame de la Salle en Géraudan. Les Rochefort blasonnent : de gueules, à la bande ondée d'argent, accompagnée de six merlettes du même, posées en orle ;*

6° *Madeleine de Lévezou de Vesins, qualifiée Révérendissime et très illustre dame, abbesse et vicomtesse de Saudras au diocèse d'Alais, prieure et dame d'Espinel, et premièrement religieuse au monastère de Rodez en 1595 et 1604, époques où son père Antoine II et sa mère Jeanne de Roquefort lui constituèrent deux legs par leurs testaments.*

•

Jean IV de Lévezou-de-Luzençon-de-Vesins-de-Roquefort-de-Morlas, chevalier, comte de Vesins, baron de Castelnau-en-Lévezou, d'Enguerravaques, de Seneuil, et de Saint-Aignan, châtelain de Compregnac.

Il s'adjoignit le nom et les armes de Roquefort-Morlas à titre d'héritier naturel de Tristan, son frère cadet, mort en 1610. Il prêta foi et hommage au roi Henri IV, pour toutes les terres qu'il possédait et qui relevaient immédiatement du roi, entre les mains de François de Corneillan, évêque et comte de Rodez, et en présence de François de Solages, chevalier, baron de Tholet, gouverneur et sénéchal de Rouergue. Il renouvela sa protestation de fidélité et d'hommage pour le roi Louis XIII, entre les mains de messire Jean-Baptiste de Verthamont.

Par contrat passé le 15 août 1615, au château de Rocquolles, Jean IV de Lévezou épousa Anne de Garceval, qualifiée haute et puissante dame, fille de messire François de Garceval, chevalier, seigneur de Saint-Geniez, de La Roche-Sainte-Marguerite, de Rocquolles, de Verrières, etc..., capitaine de cent archers de la garde du roi Henri IV; et de haute et puissante dame Françoise de Pellegry. Les seigneurs de Garceval, *alias* Garseval, dont la branche aînée avait produit les anciens vicomtes de Cheillanes, est une maison de race chevaleresque qui blasonne : *d'azur, à quatre rochers d'or*. Elle s'est alliée aux maisons de Gélas-de-Lautrec, de Guiscard, de Goth, de Foix-Candale et de Lévis-Lomagne-et-Ventadour. En raison de l'alliance de Jean de Lévezou et d'Anne de Garceval la seigneurie de Rocquolles rentra dans la maison de Lévezou, après avoir été aliénée par Antoine Ier de Lévezou.

L'abbé Dunoyer parle ainsi de Jean IV :

« *Le comte de Vesins, qui est un riche seigneur du Rouergue et des premiers et principaux gentilshommes de ce pays, se mouroit de colère et de chagrin pour la raison qu'une fille batarde à lui, qu'il aimait beaucoup, étoit disparue de son château de Castelmus sans qu'on pût savoir où la trouver ni ce qu'elle étoit devenue. On soupçonnoit bien qu'une dame âgée du voisinage avoit pu faire arriver malheur à cette jeune fille, et ceci, par une sorte de raison qu'il n'est pas nécessoire de déduire ici. Toutefois est-il qu'il a fait venir Jacques Aymar à ce château de Castelmus, où il éprouva bientôt par les soubressauts de sa baguette divinatoire, aussi bien que par aucun effets de mouvement terrestre et de transpiration, qu'il y avoit du sang et du crime dans cette affaire. Il avisa tout aussitôt que l'endroit où chercher devoit être un clos ou verger qui se trouve entre le grand corps de logis et la servitude. On y fouilla dans la terre à une douzaine de pieds d'abord et sans rien trouver ; mais comme Jacques Aymar y mettoit de l'assurance néanmoins, on continua de creuser la fosse où l'on a fini par trouver un cadavre qui a été reconnu pour être celui de la pauvre fille. Ce fut, non pas à ses traits de figure, tant ils étaient décomposés depuis trois mois, mais bien à ses restes d'habillement et à un rosaire de jaspe qu'elle avoit gardé dans une de ses poches, et que son père lui avoit donné quelque temps avant le jour de sa mort. Si l'affaire n'a pas eu plus de retentissement, c'est parce que le Seigneur de l'endroit, qui fut par là éclairci des soupçons qu'il avoit pris, n'a pas permis que la justice du lieu donnât d'autres suites à cette triste découverte. Ceci nous est garanti par un gentilhomme du pays qui n'en sauroit douter ni parler ignoramment, pour être aussi proche voisin qu'il est de Castelnau.*

Jean IV de Lévezou laissa de son mariage avec Anne de Garceval-Saint-Geniez, les huit enfants qui suivent :

1° *François de Lévezou-de-Luzençon-de-Vesins, vicomte de Saint-Aignan-le-Franc-Castel, chevalier des Ordres royaux, militaires et hospitaliers de Notre-Dame du Mont-Carmel et Saint-Lazare de Jérusalem, Nazareth et Bethléem, d'abord exempt des gardes-du-corps de la reine-mère, et, depuis, gentilhomme de la chambre de Monsieur, frère du roi. Il mourut avant son père ;*

2° *Jean V de Lévezou qui continuera la postérité masculine de sa maison ;*

3° *Antoine de Lévezou, chevalier, baron de Castelnau, ins-*

titué légataire de son père, en substitution de son fils Jean V, par acte du 11 novembre 1639.

Antoine de Lévezou épousa très noble damoiselle Diane de Guiscard, issue des anciens ducs d'Apulie. comtes d'Edesse et Tripoli. Elle était fille de René, marquis de Guiscard et de Charlotte de Nérestan, dame d'atours de Louise de Lorraine, reine douairière de France, et veuve du roi Henri III. Les Guiscard portent : d'argent, à la bande de gueules.

De ce mariage, Antoine de Lévezou n'eut qu'une fille, morte en bas-âge;

4° *Marie-Madeleine de Lévezou-de-Luzençon-de-Vesins, mariée par dispense ecclésiastique et par contrat du 14 avril 1654, avec messire François de Mostuéjoulx, de Roquevielle, de Liamont, de Franquiram, de Capluc, etc.... et de haute et puissante dame Jeanne de Montvalat, femme d'Antoine de Lévezou I*er *du nom.*

Le village de Mostuéjoulx, qui remonte à la plus ancienne origine chevaleresque, s'élève en amphithéâtre sur la rive droite du Tarn, un peu au-dessus de Boyne. En arrivant, ce qui frappe surtout, c'est l'antique château dont la longue façade, les élégantes tours carrées, badigeonnées de blanc, tranchent sur le fond verdoyant d'une allée séculaire d'ormes et de magnifiques platanes. La maison de Mostuéjoulx a produit un cardinal en la personne de Raymond de Mostuéjoulx, premier évêque de Saint-Flour, puis évêque de Saint-Papoul en 1337. Les Bollandistes ont fait remarquer que les papes Clément V, Jean XVII et Clément VI, ainsi que les rois Philippe V, Charles le-Bel et Philippe de Valois, avaient constamment honoré cet illustre et saint prélat de leur plus intime confiance. — Claude-Charles de Mostuéjoulx, homme d'un grand mérite, né le 19 septembre 1725, fut prieur de Cattus en Quercy, sous-précepteur des enfants de France en 1760, premier aumônier de Madame en 1722, place qu'il a remplie jusqu'en 1790. Il était chanoine-comte de Brioude en 1775, abbé commandataire de Saint-Vincent de Senlis, puis de Saint-Nicolas d'Angers, et chanoine du chapitre de Saint-Jean de Lyon.

Les Mostuéjoulx blasonnent : de gueules à la croix fleur-de-lisée d'or, cantonnée de quatre billettes du même ;

5° *Marguerite de Lévezou-de-Luzençon-de-Vesins, damoiselle de Nogaret, morte célibataire. Elle se trouve nommée dans une assignation du duc de Candale, Henry de Nogaret de la Valette d'Epernon de Foix et d'Astarac, pour obtenir le retrait de ladite seigneurie de Nogaret en 1613 ;*

6° *Anne de Lévezou-de-Luzençon-de-Vesins, mariée avec messire Jean-Charles de Villeneuve, comte de Valbrègue ;*

7° *et 8° Françoise et Gabrielle de Lévezou-de-Luzençon-de-Vesins, mortes sans avoir été mariées.*

∴

Jean V de Lévezou-de-Luzençon-de-Vesins-de-Roquefort-Morlas, successivement qualifié comte et marquis de Vesins, vicomte de Saint-Aignan-le-Franc-Castel, baron de Castelmus, en Lévezou, de Compregnac, de Morlas, de Seneuil et d'Enguerravaques, châtelain de Ségur, en Quercy, etc., gentilhomme de la chambre du Roi, maréchal de bataille, commandant et capitaine-général de la noblesse au ban et arrière-ban des pays de Rouergue et de Quercy, autrefois premier enseigne, et depuis colonel des gendarmes royaux de Roussillon En vertu de son droit de retrait féodal et linéager, il poursuivit et ressaisit en 1646, par acte du 29 septembre, une rente aliénée par son bisaïeul, Antoine Ier, sur *honnête homme Etienne Malézieu, bourgeois de la châtellenie de Compeyre.* Par contrat du 23 février 1652, il épousa au château de Saint-Léon, en Rouergue Marguerite de Bernard d'Ortholès, qualifiée : haute et puissante dame, châtelaine de Saint-Léon, de Châteauneuf-en-Madailhan, de Saint-Chély-d'Aubrac et de Calmandol, en partie, dame douairière de Benac, étant veuve en premières noces de messire Guy de Pons, seigneur de Bénac et d'Angley-sur-Garonne. La maison de Bernard, issue d'ancienne chevalerie, possédait déjà au XIVe siècle les importantes seigneuries et châteaux de del Cros et de Galhac, dans le mandement de Cabrespines. Pons de Bernard et Raymond-Pons, son frère donnèrent, en 1168, à Mathfred, abbé du monastère de Bonnecombe, la dîme de la chair et de la laine qu'ils avaient dans la paroisse d'Is. Les armes de la maison de Bernard se lisent : *de sable, à la croiselle d'argent en cœur, accompagnée de trois autres croiselles d'or, deux en chef, une en pointe.*

Par ordonnance et mandement du 15 juin 1667, Jean V de Lévezou, envoya comparaître, à titre de son fondé de pouvoir, maître J. Vidal, son procureur et bailli seigneurial, par devant le subdélégué de l'intendant du roi, en Guyenne, lequel était l'un des commissaires de Sa Majesté, nommé par elle, à l'effet d'enquérir sur les titres de noblesse, et de les vérifier pour en faire obtenir ou refuser des arrêts de maintenue, suivant les cas, et suivant le droit des nobles de France à l'encontre des *usurpations sur iceux leurs droits et privilèges naturels.* Le dit mandataire était chargé par son seigneur d'exhiber des titres qui servirent à démontrer l'illustration de la maison de Lévezou et qui fit voir que lui, Jean V, était issu d'une des plus anciennes races du pays, que les siens étaient depuis un temps immémorial en possession des qualités de *nobles et puissants chevaliers, hauts et puissants seigneurs, châte-*

lains et hauts justiciers, comtes, vicomtes et barons, juspatrons, vidames, etc. Sans entrer dans aucuns détails sur les principales illustrations de sa famille, Jean de Lévezou se borna à faire mentionner les titres dont elle avait joui durant les trois dernières générations et fit déclarer qu'il voulait simplement faire remonter les dites informations à la personne de son bisaïeul, attendu que, d'après les qualifications dont celui-ci se trouvera pourvu par hérédité, le surplus de ladite preuve en serait jugé surabondant. Il paraît que c'était la première et la seule enquête nobiliaire dont la maison de Lévezou ait jamais été l'objet. L'on connaît assez l'irritation qui s'en suivit dans la haute noblesse contre le cardinal Mazarin, principal instigateur de cette recherche contre les usurpateurs.

Le résultat de cette enquête sur la maison de Lévezou fut un arrêt de maintenue et de pleine confirmation dans tous ses privilèges héréditaires. Mais on peut ici faire observer que les ancêtres de Jean V de Lévezou, avaient été possessionnés de la baronnie de Lévezou bien avant l'an 960, et qu'ils en avaient toujours conservé jusqu'à lui le nom et les armes avec le domaine utile, ancien chef-lieu de sa juridiction seigneuriale.

Les mêmes seigneurs et leurs agnats saliques avaient donc produit successivement jusqu'à lui vingt-trois hauts-barons et dont les plus anciens avaient frappé monnaie, un archevêque et primat, légat au Saint-Siège apostolique et présidant un concile, deux puissants fondateurs de monastères, cinq vidames et protecteurs épiscopaux, des dignitaires de la milice du Temple et de l'ordre de Malte, un cheftaine, des francs-archers royaux, des sénéchaux, gouverneurs et grands-baillis d'épée, un député de la noblesse aux Etats généraux du royaume, pendant la minorité de Charles VIII, des chevaliers à bannière et des chevaliers de l'Ordre du Roi, enfin des capitaines de cent hommes d'armes, des gentilshommes de la Chambre du roi, avec trois capitaines-généraux de la noblesse, un général des sept bannières et de l'arrière-ban languedocien, dont l'histoire a marqué la place au milieu des plus illustres capitaines et des plus notables conseillers des cinq Valois. Est-il besoin de rappeler que plusieurs de ce nom antique de Lévezou, militèrent dans la Terre-Sainte, qu'ils guerroyèrent contre les Maures d'Espagne et qu'ils se croisèrent contre les hérétiques et les révoltés Albigeois. Dans *Mariana*, on voit qu'ils combattirent aux côtés du Cid et sous les drapeaux de ce roi de Léon, Dom Fernand, qui fut le juge de Chimène. Un Lévezou trouva une mort glorieuse à la funeste bataille de Crécy où il combattait côte à côte avec l'Empereur Louis de Bavière et le vieux roi Jean de Bohême.

En 1675, Jean V de Lévezou, fut nommé par Louis XIV pour commander le ban de la noblesse du Rouergue et du Quercy. Cette lettre de commandement se trouve insérée dans le *Recueil Manus* des protocoles et missives du président Roze (p. 306). Nous la reproduisons *in-extenso :*

« *Mons. le marquis de Vezins, ayant résolu de convoquer le Ban et l'arrière Ban de ma noblesse de France, et me rappelant équitablement vos services avec tous ceux de vostre maison, je vous ay bien voullu choisir pour commander les Gentilshommes de mes provinces de Rouergue et de Quercy sous les ordres de mon cousin le Duc de Vendosme. Vous devrez donc au plus tost vous concerter avec mes Séneschaux et grands Baillys, en appellant, sommant et faisant sommer tous les nobles de ces pays quy sont en obligation de s'armer et quy seront en puissance de vous suivre, pour après leur commander qu'ils ayent à se rendre en ma ville de Montauban, où vous aurez soin de maintenir cette noblesse en parfaite obéissance et de la faire exercer convenablement. Mon cousin le Duc de Vendosme vous fera connoistre plus tard où vous devrez marcher pour le bien de mon service, avec vos Nobles ; et m'ayant desjà sy bien prouvé vostre courage et capacité dans la science des armes, comme aussy le zèle et l'affection quy vous sont familièrement héréditaires pour l'honneur de ma Personne et la gloire de la Couronne de France, je me borne à vous assurer de ma pleine confiance, priant Dieu, M. le marquis de Vezins, qu'il vous ait en sa sainte garde.*

A Saint-Germain, le 10 *febvrier* 1675.

Signé : Louis

et plus bas : Phélippeaux.

Dans la nuit du 22 au 23 juillet 1612, le château seigneurial de Vesins, ainsi que la plupart de ses dépendances furent la proie des flammes. Les meubles anciens, finement sculptés, les tapisseries de hautes-lices, les coffres merveilleusement ouvrés, la vaisselle d'argent et les étains précieux disparurent dans cet incendie qui n'épargna point les titres et les documents concernant l'histoire de la terre de Vesins.

Jean V, vingt-troisième baron de Lévezou, et dix-septième seigneur de Vesins testa le 10 novembre 1683, et mourut l'année suivante âgé de 67 ans. Il laissa comme enfants :

1° *Joseph de Lévezou, marquis de Vezins, qui suivra ;*

2° *Antoine de Lévezou de Vesins, prieur et seigneur de Sainte-Marie-de-la-Panouze-de-Cernon. Il reçut un legs de son père en* 1683.

3° *Maria-Marguerite de Lévezou de Vesins, damoiselle de Saint-Bauzély, en Lévezou, nommée légataire de son père, en* 1683, *mariée en* 1680, *avec Armand de Puelch III du nom, seigneur de Bessel et Porlans.*

∴

Joseph de Lévezou-de-Luzençon-de-Vesins-de-Roquefort-de-Morlas, qualifié haut et puissant seigneur, chevalier et marquis de Vesins, vicomte de Saint-Aignan, baron de Lévezou, de Castelnus, de Morlas, d'Enguerravaques et de Seneuil, etc.

Dans le trésor des armoiries (1), on voit que Joseph de Lévezou, marquis de Vesins et de Roquefort, s'armait écartelé de Lévezou, de Castelnau, de Vezins et de Roquefort, savoir : « *Au I d'azur, au lion d'or, lampassé de gueules : au II d'azur, aux trois roquettes d'argent, l'escu bordé d'une engreslure de mesme ; au III de gueules, aux trois clefs d'or : au IV d'argent, à la tour de sable, à la croisette du mesme en franc quartier.*

Support, le lion de Lévezou, avecque un griffon pour Vesins.

Devise. Mavis et Arais, et l'escu sommé de la couronne du tistre ».

En l'année 1655, Joseph de Lévezou, à peine âgé de 14 ans, alla faire le service au ban de la noblesse des généralités de Languedoc et de Guyenne, sous la conduite du prince Louis de Lorraine, comte d'Armagnac, il est dit qu'il s'acquitta « *avec une bravoure et un zèle admirable* », digne d'un Lévezou.

Par contrat passé le 23 juin 1677, Joseph de Lévezou, marquis de Vesins, épousa Marie de Vesins de Namazy, fille de messire François de Vesins, chevalier, seigneur de Saint-Namazy, de Villetorsy, de Roquetaillade et de Saint-Jean de Lévezou, et d'Isabelle de Manhac. Cette branche de Vesins Saint-Namazy provenait de Jean VI de

(1) *Louis Busson.*

Lévezou-de-Vesins, sénéchal de Quercy, dont un fils anonyme fut père de François de Vesins, seigneur de Saint-Namazy, qui épousa, le 22 juillet 1633, Isabelle de Manhac, fille de François de Manhac, seigneur du Ram, et de Balthazarde de Caylus.

Ayant perdu sa première femme, de laquelle il eut deux enfants que nous retrouverons plus loin, Joseph de Lévezou de Vesins épousa, avec dispense du pape Innocent XI, et par contrat du 19 octobre 1681, Marguerite de Mostuéjoulx, fille de François, baron de Mostuéjoulx et de Marie-Madeleine de Lévezou-de-Vesins, laquelle était fille de Jean IV et d'Anne de Garseval. Marguerite de Mostuéjoulx, ayant fait son testament en faveur de son mari, par acte souscrit au château de Vesins, le 26 août 1690, mourut sans progéniture. Son mari se remaria, en troisièmes noces, le 3 décembre 1697, avec Louise de Brunel du Bruel, fille de Charles Brunel, écuyer, seigneur de Bruel, et de Marie-Madeleine Jeanne de Framond de Roqueviel, issue des anciens châtelains de Framond, vicomtes de Greyze, en Gévaudan. Louise de Brunel du Bruel était déjà veuve de Pierre de Berne, chevalier, seigneur de Bertholène, du Puech et de Lacombe.

Joseph, marquis de Vesins, avait aliéné ses terres de Saint-Aignan, d'Enguerravaques et de Nogaret, ainsi que plusieurs domaines et seigneuries mouvant de sa baronnie de Castelmus. Il vivait encore le 18 janvier 1717, et laissa de sa première femme :

1° *François, marquis de Vesins, qui va suivre ;*

2° *Marie-Marguerite de Lévezou de Vesins, mariée par contrat, du 18 février 1717, à messire François de Lauzières-Thémines et Cardaillac, chevalier, seigneur de Saint-Beaulize, fils unique de feu Henri de Lauzières et de Marie de Nogaret de Trélans, laquelle était issue de Gui de Nogaret, sire de Trélans et de Suzanne d'Arpajon, fille de Jean II, vicomte d'Arpajon et de Lautrec, à qui le maréchal de Séverac, son oncle, avait substitué la totalité de ses domaines avec son nom, ses titres, et ses armoiries. Le dit François de Lauzières-Thémines était le petit neveu de Pons de Lauzières, marquis de Thémines, maréchal de France et sénéchal de Quercy, dont la fille, Gloriande de Lauzières, avait épousé Louis, duc d'Arpajon, marquis de Séverac et sénéchal de Rouergue, en 1619. La postérité du maréchal de Thémines s'éteignit avec Suzanne de Lauzières, femme de Charles de Lévis, duc de Ventadour, ainsi qu'avec Catherine de Lauzières, duchesse d'Estrées.*

Marie-Marguerite de Lévezou avait eu de son mariage, entr'autres enfants : Jean-Luc de Lauzières, marquis de Thémines, à qui fut dévolue la meilleure partie de la succession de ses deux cousines, la duchesse de Ventadour et la duchesse d'Estrées, et qui épousa par contrat du 12 novembre 1730, Angélique-Sophie d'Hautefort, fille de Louis-Charles, marquis de Surville, et d'Anne-Louise de Crevant d'Humières, comtesse de Mouchy, de Montcavrel et d'Hocquincourt. La maison de Lauzières de laquelle sont descendus les seigneurs de La Coste, de Saint-Guiraud, de Saint-Beaulize et de Briols, les marquis de Thémines ; avait pris son nom du bourg de Lauzières, dans le Bas-Languedoc. Ses armes se lisent : d'argent, au buisson, ou osier de sinople.

François Ier de Lévezou, chevalier, comte et marquis de Vesins, seigneur et baron de Lévezou, de Compregnac, de

Ségur, etc. (1), parti furtivement du château de son père, à l'âge de 16 ans, pour aller faire le service au ban de la noblesse, avec les gentilshommes de sa province, sous la conduite du marquis de Crillon, commandant pour le roi dans la généralité de Montauban.

Par contrat du 22 décembre 1697, il épousa en son château de Ségur, Jacqueline de Berne de Bertholène, fille de messire Pierre de Berne, chevalier, seigneur de Bertholène, du Puech, de Lacombe, etc., et de Louise de Brunel du Bruel, laquelle était devenue marquise de Vesins, comme on l'a vu ci-dessus.

Du vivant de son père, et n'étant pour lors qualifié que comte de Vesins, François fut élu par lettres patentes du roi Louis XV, en date du 9 mars 1717, pour travailler conjointement avec le commissaire de Sa Majesté, dans la généralité de Montauban, à l'effet de répartir l'impôt de la capitation sur la noblesse du Rouergue.

On voit également qu'il souscrivit en personne au mariage d'Antoine, son fils, en 1730, et qu'il fut parrain de François II, son petit-fils, le 29 juillet 1735. Il ne vivait plus en 1744. Il avait eu de son mariage avec Jacqueline de Berne :

1° *Antoine III, marquis de Vesins, qui suit ;*

2° *Joseph de Lévezou de Vesins, dit le chevalier de Castelmus, commandeur des Ordres militaires et hospitaliers de Notre-Dame du Mont-Carmel et de Saint-Lazare de Jérusalem, chevalier de Saint-Louis, mestre de camp de cavalerie, ancien lieutenant-colonel du régiment d'Orléans. Il servit le roi pendant quarante ans, et se retira du service, criblé de blessures. Il vivait*

(1) *Attestat*, daté du 7 juin 1695.

encore en 1785, à Besançon, où, il avait épousé Eléonore Mercier d'Egrille, dont :

1. — Louis de Lérezon, comte de Vesins, chevalier de Malte, ancien page d'Orléans, colonel en retraite, et chevalier de Saint-Louis, mort en 1830. Avec lui s'éteignit le rameau de Castelmus. Il laissa deux filles qui se sont alliées en Franche-Comté, la première au général, baron de Colomb d'Arcine, et la seconde, au comte Albert de Chavanes.

Cette branche cadette avait adopté la devise Maris et Armis, et portait pour armoiries, celles de Lérezon, mi-partie de celles de Vesins.

3° Pierre-Marie de Lérezon de Vesins, dit le chevalier d'Arthès, chevalier de Saint-Louis, ancien major du régiment de Condé. Il avait reçu du roi Louis XV une pension de 400 livres, en considération de ses services et de ses blessures. Il mourut en 1790, au château de Vesins, et n'avait pas contracté d'alliance.

4° Alexis de Lérezon, dit le chevalier de Vesins, mestre de camp de cavalerie, chevalier de Saint-Louis, ancien maréchal des Logis de la deuxième compagnie des mousquetaires de la garde du roi. Il mourut au château de Vesins à l'âge de quarante-huit ans, après trente-deux ans de service, et par suite de ses blessures.

5° Charles de Lévezou de Vesins, dit le chevalier de Luzençon, chevalier de Malte, brigadier de la deuxième compagnie des mousquetaires, tué en 1743, à la bataille de Dettingen, où la maison du roi fit des prodiges de valeur. Voici ce que l'histoire chronologique de la maison du roi, p. 286, rapporte sur lui : « Charles de Lévezou de Luzençon, chevalier de Malte, brigadier des mousquetaires gris, fit paroître une intrépidité sans égale, et quoiqu'il eût été blessé, dès le commencement de la bataille, par un éclat d'obusier, qui lui avait emporté une partie de la jambe gauche, il n'en persista pas moins à diriger sa brigade, qu'il conduisit à la charge à plusieurs reprises, avec une ardeur et une constance héroïques. Enfin la perte de son sang le fit défaillir, mais sans tomber de cheval, et lorsque le maréchal de Noailles lui envoya commander de se retirer à l'écart afin de conserver sa généreuse vie pour le service de S. M., on trouva qu'il venait de mourir au bout de son sang, ce qu'on aurait pu supposer à l'air de sa figure et la fermeté de son attitude. Il était fils de François de Lérezon, marquis de Vesins et baron des Etats de Rouergue, dont la famille est une des plus valeureuses et des plus anciennes races du Languedoc. »

6° *François de Lérezon de Vesins, dit le chevalier de Lérezon, lieutenant au vieux régiment Royal-Marine, tué d'un coup de canon pendant le siège de Milan, sous les ordres du maréchal de Villars, en 1733.*

7° *Jean-Joseph de Lérezon de Vesins, dit le chevalier de Roquefort, chevalier de Saint-Louis, ancien officier supérieur des carabiniers royaux. Il vivait encore en 1772, et l'on ne sait s'il prit alliance.*

8° *Jacqueline de Lérezon de Vesins, abbesse de Saint-Sulpice, en Albigeois, dame de Géniac, Estanver, Begassobre et autres lieux. Elle prêta foi et hommage au roi, par acte d'aveu de l'année 1752, entre les mains de son neveu, le marquis de Vesins.*

9° *Louise de Lérezon de Vesins* } *Religieuses à la*
10° *Marie-Julie de Lérezon de Vesins* } *même abbaye.*

11° *Marianne-Victoire de Lérezon de Vesins, dame de Vayssac et de Lestandière, en 1754.*

Antoine III de Lévezou, qualifié *Très Haut et très Puissant* seigneur, chevalier, marquis et comte de Vesins, baron de Castelmus, seigneur de Compregnac, Bertholène, Joucq, Avrignac, Ségur et autres places; naquit le 19 septembre 1701, fut baptisé dans l'église paroissiale de Saint-Julien d'Avrignac, en Foix, le 5 octobre suivant. Il servit dans les mousquetaires de la garde, et, par acte du 22 janvier 1730, il épousa, en présence du marquis François, son père, Marie-Anne de La Panouse d'Aniac, fille de messire Pierre de La Panouse, chevalier, seigneur de Bourrau, d'Aniac, etc., et de haute et puissante dame, Marie-Anne de Scorrailles.

La maison de Lapanouse, *alias* La Panouse, qui porte : *d'argent, à six cotices de gueules ;* a pris son nom de la petite ville de Lapanouse-de-Séverac, au diocèse de Rodez, ce qui prouve la pureté de son origine.

Par son ancienneté, elle n'est pas moins recommandable, car elle remonte à près de huit cents ans. Elle jouissait des honneurs de la chevalerie dès le milieu du XIIe siècle. Elle a donné un sénéchal de Rouergue, un sénéchal de Carcassonne, deux évêques de Mende, dont le premier devint archevêque de Damas.

Marie-Anne de La Panouse d'Aniac, marquise de Vesins, était issue directement de Motet de La Panouse Ier du nom, qui fit don, en 1154, à Guillaume de Vesins et à ses frères, de tout ce qu'il avait acquis au château de Vesins.

Du mariage d'Antoine III, marquis de Vesins, et de Marie-Anne de La Panouse, descendirent :

1° *François II, qui suit ;*

2° *Jean-Jacques-Gabriel de Lévezou de Vesins, évêque nommé de Lodève en 1790, abbé commandataire et séculier de l'abbaye royale de Sainte-Madeleine de Châteaudun, diocèse de Chartres, prieur et seigneur de Saint-Léon, ancien aumônier du roi Louis XVI, et l'un des maîtres de son oratoire, grand-vicaire du diocèse de Senlis, mort au château de Vesins le 8 octobre 1806, âgé de 64 ans.*

3° *Antoine-Alexis, qui continuera la postérité; rapporté après François, son frère aîné :*

4° *Marie-Julie-Clémence de Lévezou de Vesins, mariée en février 1766, à Louis-Raymond de Reich d'Elbreuil de Saint-Amand d'Ayssènes, baron de Pineth, fils de Raymond-Louis de Reich d'Elbreuil, chevalier, comte d'Ayssènes, baron de Saint-Amand, seigneur de Montjoulx, et de Marianne de Guilh.*

Les Reich, seigneurs de Saint-Amans et de Pineth, blasonnent : Ecartelé, de gueules et d'argent, à la croix de l'un à l'autre. Cette famille remonte à Dordé Reich, notaire à Cassagne-Begonhès, vivant en 1610.

5° *Marie-Anne de Lévezou de Vesins, mariée le 5 mai 1766, à messire François, marquis de Prévinquières.*

En 1837, elle vivait encore, et était âgée de quatre-vingt-neuf ans, n'ayant pas eu d'enfants de son mariage.

François II de Lévezou, comte de Vesins, baron de Castelmus et de la Roche Sainte-Marguerite, seigneur de Compregnac, de Joucq, de Roucoules, de Saint-Geniez, et autres lieux considérables. Brigadier des armées du roi mestre-de-camp de cavalerie, chevalier de Saint-Louis, premier lieutenant-commandant des gardes-du-corps de Sa Majesté. Naquit au château de Vesins le 17 juillet 1739, et fut élevé page du roi pendant trois ans. Par lettre patente et signée de Louis XVI, le 24 décembre 1774, il reçut mission pour travailler en remplacement de son père, à la répartition de la capitation sur la noblesse de sa province. Par contrat, du 7 décembre 1765, il épousa Claudine-Marie de Lastic de Saint-Jal, fille de haut et puissant seigneur, messire Philibert-Louis de Lastic, comte de Saint-Jal, brigadier des armées royales, et de Félicie-Marie de Garseval de Pellegry. L'ancienne et puissante maison de Lastic, de race chevaleresque, est issue des anciens sires de Mercœur. Le nom de Lastic lui vient de la possession d'un antique château féodal situé à quatre ou cinq kilomètres de Saint-Flour, et qui relevait du duché de Mercœur. Les armes des Lastic-Saint-Jal sont : *de gueules, à la fasce d'argent* : Claudine-Marie de Lastic-Saint-Jal, comtesse de Vesins, était de la même lignée que Jean de Lastic, trente-cinquième grand-maître de l'Ordre souverain de Saint-Jean de Jérusalem de Rhodes, en l'année 1437.

Dans la correspondance du maréchal du Muy, on voit : que le Dauphin Louis, père des rois Louis XVI, Louis XVIII et Charles X ; « *honorait le comte de Vesins d'une estime et d'une affection si particulières, qu'après cette funeste mort du dauphin, qui mit non seulement toute la France mais toute l'Europe en deuil, ce digne seigneur ne voulut plus rester à la Cour, à cause de la douleur dont il était accablé pour la perte d'un si grand prince et d'un si bon maître* ».

Elu par la noblesse du Rouergue, député de son Ordre aux Etats généraux en 1789, le comte de Vesins, refusa ce mandat qui fut accepté par le marquis de Montcalm-Saint-Victor. Entouré de sa nombreuse famille, il retourna, au sortir des persécutions de 93, dans son antique et vaste château de Vesins, où il ouvrit un asile à toutes les infortunes que la Révolution venait de causer, et que la charité vulgaire ne pouvait atteindre sans augmenter leur amertume. Il y recueillit une foule de personnes à qui les soins les plus délicats et les plus assidus étaient prodigués. C'étaient pour la plupart de nobles vieillards, ses anciens compagnons d'armes, de pauvres gentilshommes, émigrés rentrés, qui n'avaient pas retrouvé le toit de leurs pères, et dont on avait vendu le modeste héritage : c'étaient des curés, des prêtres réfractaires au serment de la Constituante; enfin, c'étaient des religieuses qu'on avait fait passer de leurs cellules dans les cachots de la Terreur, et qui s'étaient trouvées, en sortant de prison, sans ressources et sans abri, au milieu des montagnes du Rouergue. Chacun de ces gentilshommes ou de ces bons prêtres avait à son ordre un domestique, un soigneux et respectueux serviteur du vieux châtelain, et tous ces vétérans du sanctuaire et de la fidélité, mangeaient avec leurs hôtes, à la même table immense, abondamment et noblement servie. On se rappellera longtemps, dans tout le Rouergue et le Quercy, la vénérable munificence et la sainte hospitalité du château de Vesins, où tous les réfugiés dont nous parlons sont morts de vieillesse.

Etant sans postérité de son mariage avec Claudine de Lastic, le comte François II désigna pour son héritier, François-Amé-Dieudonné de Lévezou, fils aîné de son frère Antoine-Alexis. Il mourut au château de Vesins, le 18 mars 1816, après avoir écoulé sa noble vie dans l'exercice des vertus les plus généreuses. Claudine de Lastic-Saint-Jal, marquise douairière de Vesins, se retira, après la mort de son noble époux, au couvent de la Visitation de Sainte-Marie, où elle a pris le voile et fait profession religieuse en 1818.

∴

Antoine-Alexis de Lévezou IVe du nom, chevalier, vicomte de Vesins. Par acte du 26 juillet 1786, il épousa

Joséphine de Mostuéjouls, fille de Jean-Pierre, marquis de Mostuéjouls, seigneur et baron de Saint-Marcellin, de Liaucous, etc., et de Marie-Françoise-Adelaïde Le Filleul de la Chapelle, laquelle était fille de haut et puissant seigneur Alexandre Le Filleul, marquis de la Chapelle, et d'Hélène Chardon de Thilliers, et sœur d'Alexandre-François-Marie-Le Filleul, comte de la Chapelle, lieutenant-général des armées du roi, grand'croix de l'ordre de Saint-Louis, mort en Angleterre, en 1810, près de Louis XVIII, dont il était ministre.

Le vicomte Antoine-Alexis de Lévezou-de-Luzençon-de Vesins, mourut au château de Vesins le 1er novembre 1810, laissant de son mariage avec Joséphine de Mostuéjouls :

1° *François-Amé-Dieudonné de Lévezou, qui suit ;*

2° *Jean-de-Lévezou-de-Luzençon, vicomte de Vesins, né le 25 août 1793, dans la prison de Millau ; marié le 24 août 1813, avec Marie-Louise-Julie-Clarisse de Faramont de La Fajole, veuf en 1826. Il entra dans les ordres et fut ordonné prêtre en 1836, et nommé chanoine de la métropole d'Alby, le 23 octobre de la même année, grand vicaire de Bordeaux et sacré évêque d'Agen le 26 janvier 1841. Il mourut en 1867, laissant de son mariage :*

I. — *Louis (Ludovic), Stanislas-Gabriel-Alexis, qui continue la descendance, et rapporté ci-après ;*

II. — *Alexis-Louis-Stanislas-Dieudonné de Lévezou, dit le comte Dieudonné de Vesins, né le 24 novembre 1815, d'abord conseiller de préfecture à Moulins, en 1845 ; de la Gironde, en 1849 ; sous-préfet de Lodève, en 1853 ; successivement préfet d'Alby, d'Epinal, Melun et la Rochelle. Il mourut en 1876, laissant de son mariage avec Nathalie de Kerninon :*

A. — René de Lévezou de Vesins, ancien officier de cavalerie, dont postérité.

III. — *Marie-Joseph-Victor-Ladislas de Lévezou de Vesins, né le 6 mai 1820, dit le comte Ladislas de Vesins, lieutenant-colonel d'artillerie, mort en activité de service en 1877. Il avait épousé Marie de Forcade de laquelle il a laissé :*

A. — Bernard de Lévezou de Vesins, ancien officier d'artillerie, marié en 1893, à Camille de Gastebois, dont :

a. — *Jeanne de Lévezou de Vesins.*

b. — *Marie-Thérèse de Lévezou de Vesins.*

c. — *Gabrielle de Lévezou de Vesins.*

IV. — *Marie-Louis-Auguste-Edmond de Lévezou de Vesins, né le 7 mai 1822, décédé en 18 .*

V. — *Marie-Joséphine-Alix de Lévezou de Vesins, née le 20 avril 1826, morte en 1897.*

3° *Louis-Pierre-Paulin de Lévezou de Vesins, né le 1er mars 1797, dit le comte Paul de Vesins ; marié le 9 août 1817, avec Henriette-Charlotte-Zoé de Lastic de Saint-Jal, dont :*

I. — *Jean-Marie-Elie de Lévezou de Vesins, né le 18 mai 1835 ; marié en 1864, à Béatrix de Lévezou de Vesins sa cousine.*

II. — *Marie-Joséphine-Henriette-Valentine de Lévezou de Vesins, née le 20 mai 1828, morte en 1864. Elle avait épousé Louis de Poumayrac.*

III. — *Marie-Caroline-Mathilde de Lévezou de Vesins, née le 31 octobre 1829, mariée au vicomte de Layrolles, morte en 1902.*

4° *Marie-Claudine-Gabrielle-Joséphine de Lévezou de Vesins, née le 2 septembre 1787.*

5° *Marie-Philippine-Victorine de Lévezou de Vesins, née le 28 avril 1795; mariée le 14 février 1814, avec Antoine-Louis-Marie de Lavaur de Charry.*

6° *Marie-Charlotte-Anatolie de Lévezou de Vesins, née le 24 juin 1800.*

François-Amé-Dieudonné de Lévezou, comte de Vesins, chevalier de la Légion d'honneur, successivement sous-préfet de Saint-Affrique et de Millau sous la Restauration, maire d'Alger en 1842, avait épousé, le 29 août 1811, Mélanie de Sauvan d'Aramon, fille de Pierre-Philippe-Auguste-Antoine de Sauvan, marquis d'Aramon, ancien capitaine au régiment de *Conti-Dragons*, chevalier de Saint-Louis, officier de la Légion d'honneur, pair de France, le 5 mars 1819, et de Marguerite-Mélanie-Stéphanie de Mellet, des comtes de Mellet, en Périgord. Les Sauvan, marquis d'Aramon, en Languedoc, portent: *Ecartelé aux 1 et 4 de gueules, au lion d'or* (Sauvan), *aux 2 et 3 d'argent, à trois fusées et deux demies de gueules, accolées en fasces* (Barbezières-Chemerault). Du mariage de Dieudonné, comte de Vesins et de Mélanie de Sauvan d'Aramon, naquirent :

1° *Louis-Antoine-Alexis de Lévezou, marquis de Vesins, né le 1er avril 1814, marié au mois de janvier 1846, avec Angèle de Villedeuil, fille du comte de Villedeuil. Il mourut en 1878, laissant.*

1° *Béatrix de Lévezou de Vesins, mariée à son cousin Élie de Lévezou de Vesins dont :*

I. — *Henry de Lévezou de Vesins ;*
II. — *Antoine de Lévezou de Vesins ;*
III. — *Renaud de Lévezou de Vesins ;*
IV. — *Véziane de Lévezou de Vesins.*

2° *Marguerite-Mélanie-Stéphanie de Lévezou de Vesins, née le 31 octobre 1812, mariée le 9 août 1831, à son cousin le vicomte Armand de Mostuéjoulx.*

∴

Louis (Ludovic) Stanislas-Gabriel-Alexis de Lévezou, comte de Vesins, puis marquis de Vesins, à la mort de son cousin germain, en 1878, naquit au château de Caylus, en Quercy, le 29 août 1814. En 1837, il épousa Louise Oudinot de Reggio, fille du maréchal Oudinot, duc de Reggio, dont les armes se blasonnent : *Parti : au 1 de gueules, à trois casques tarés de profil d'argent, au lion de gueules. Au chef de l'écu de gueules, brochant sur le parti, et semé d'étoiles d'argent.*

Le marquis de Vesins, mourut en 1887, laissant :

1° *Antoine de Lévezou de Vesins, lieutenant d'infanterie, tué à la tête de sa compagnie, à la bataille de Gravelotte, le 16 août 1870, atteint d'une balle à la poitrine, il refusa de quitter le champ de bataille, et se faisant placer en face de l'ennemi il reçut un éclat d'obus qui lui broya la cuisse. Alors se signant il dit au sous-officier qui l'assistait : « Vous direz à ma mère que je suis mort en soldat et en chrétien ! »*

2° Charles de Lévezou, comte de Vesins, officier aux zouaves pontificaux, prit part à la défense de Rome, en 1870. Rentré en France aussitôt après, il fit la campagne de la Loire avec les Volontaires de l'Ouest où il montra le plus brillant courage à la mémorable charge de Loigny. Il mourut en 1884, laissant de son mariage avec Jacqueline de Rougé, des marquis de Rougé, qui portent : *de gueules, à la croix pattée d'argent* ; et qu'il avait épousé en 1873 :

1° Joseph de Lévezou, qui suit :

3° Auguste de Lévezou, comte de Vesins, ancien officier d'infanterie, marié à Elodie de la Mazelière en 1882.

Les Rous de La Mazelière portent : d'azur, au lion d'argent.

4° Marie-Thérèse de Lévezou de Vesins, décédée, en 1888.

Joseph de Lévezou, marquis de Vesins, chef des noms et armes de la maison, marié en 1901, à Gabrielle de Lastours, dont les armes se lisent : *d'azur, à quatre tours crénelées, donjonnées d'or, posées une, deux et une, ou en croix.* De cette alliance est né :

1° Jean de Lévezou de Vesins, né en 1902.

Les armes de l'illustre maison de Lévezou se lisent également : *Parti de deux traits coupé d'un, formant six quartiers ;* savoir : *au premier d'azur, au lion montant couronné d'or, armé, allumé et lampassé de gueules, qui est Lévezou, au deuxième, d'azur, aux trois rois d'échiquier d'argent, à la bordure engreslée du même, qui est de Castelnau de Lévezou, (armoiries de patronage et d'ancien domaine en fief de Haubert) ; au troisième, bandé de gueules et d'argent de huit pièces, à l'aigle éployé de sable, au vol montant, brochant sur le tout, qui est de Luzençon, (armoiries d'alliance et d'héritage, en substitution) ; au quatrième, de gueules aux trois clés d'or mises en pal, deux en chef et une en pointe, qui est de Vesins (armoiries d'alliance et substituées) ; au cinquième, de France, au chef d'or, qui est d'Estaing (armoiries de concession royale et d'alliance, avec clause de substitution prévue pour les descendants de Catherine d'Estaing et de Jean de Lévezou de Luzençon de Vesins, son mari) ; au sixième, d'ar-*

gent, à la tour de sable, ajourée d'argent, cantonnée d'une croix fleuronnée de sable, au pied fiché qui est de Roquefort-Enguerravaques et Morlas (armoiries substituées par succession).

L'écu sommé de l'ancienne couronne de marquis.

Supports : *A dextre, un lion couronné portant un guidon d'argent, chargé de neuf croix polencées de sable, trois en chef, trois en cœur, et les autres en pointe ; laquelle enseigne était celle de croisade contre les Albigeois ; à senestre, d'un griffon portant un guidon blasonné des armoiries patronales de Saint-Léon : parti de pourpre et d'or, au pairle d'argent, chargé de quatre croisettes de sable, deux en chef, une en cœur et l'autre en pointe le pairle brochant sur les deux parties.*

Devise : Per lo gratio de Dioux.

Cri de guerre : Sainct Léon !

Cri de guerre en mémoration : Dalby non joye.

Fin.

MAYENNE, IMPRIMERIE CHARLES COLIN

ÉDITÉ PAR LES SOINS

du « GOTHA FRANÇAIS »

8, Rue Clément-Marot, 8

PARIS, VIIIe

[illegible]

www.ingramcontent.com/pod-product-compliance
Ingram Content Group UK Ltd.
Pitfield, Milton Keynes, MK11 3LW, UK
UKHW021226230726
13926UKWH00003B/1265

9 782014 430523